Gieße deine Gnade aus

Grundkurs Liturgie – Band 6

Martin Stuflesser · Stephan Winter

Gieße deine Gnade aus

Segen – Feiern des bleibenden Zuspruchs Gottes

Verlag Friedrich Pustet · Regensburg

Bibliografische Information der Deutschen Bibliothek
Die Deutsche Bibliothek verzeichnet diese Publikation
in der Deutschen Nationalbibliografie;
detaillierte bibliografische Daten sind im Internet über
http://dnb.ddb.de abrufbar.

www.pustet.de

ISBN 3-7917-1900-9
© 2006 by Verlag Friedrich Pustet, Regensburg
Umschlaggestaltung: Martin Veicht, Regensburg
Umschlagmotiv: 2 Kor 13,13 Bilder zur Bibel
      © Evita Gründler, Regensburg
Gesamtherstellung: Friedrich Pustet, Regensburg
Printed in Germany 2006

Inhalt

Vorwort 7

1 Liturgie als Feier des bleibenden Zuspruchs Gottes 9
   1.1 „... denn ich will euch eine Zukunft und eine Hoffnung geben": Liturgie als Erfahrung des Heils in Raum und Zeit mit Jesus Christus, durch ihn und in ihm 9
   1.2 Gieße deine Gnade in unsere Herzen ein – der Segen 15

2 „Wacht und betet allezeit" 25
   2.1 Meine Zeit in Gottes Händen 25
   2.2 Ursprung und verschiedene Modelle der Tagzeitenliturgie 31
   2.3 Morgen- und Abendlob als Grundform gemeindlicher Liturgie 36
   2.4 Gestaltungsvorschläge für rituelle Elemente zur Feier des Abendlobs 39
      Das Lucernar/die Lichtfeier 40
      Die Weihrauchspende 42

3 „Ich traue mich dir an um den Brautpreis meiner Treue": Das Sakrament der Ehe als Zeichen der zärtlichen Nähe Gottes ... 45
   3.1 Neue Akzente für die liturgische Feier der Eheschließung nach dem Zweiten Vatikanischen Konzil 45
   3.2 Die *Benedictio nuptialis* als Kernhandlung der Trauungsliturgie 47
   3.3 Einige Schlaglichter auf die Diskussion um die Sakramentalität der Ehe 61
   3.4 Schlussfolgerungen zur Ehe als Sakrament aus der Sicht systematisch orientierter Liturgiewissenschaft 68
   3.5 Perspektiven für eine angemessene ehepastorale Praxis .. 79

4 „Und reichst du uns den schweren Kelch, den bittern ...": Gottes Zuspruch in Krankheit und Tod 87
   4.1 Die Geschichte der Krankensakramente 87

4.2 Die liturgische Ordnung der Krankensakramente nach
    dem II. Vatikanischen Konzil 90
    Zur Frage der „Tauferneuerung" angesichts des Todes ... 92
    Das Verhältnis von Sinngehalt und Feiergestalt bei der
    Feier der Krankensalbung 93
4.3 Ein Taufgedächtnis im Angesicht des Todes – Die Feier
    der Sterbesakramente 99
4.4 Die Begräbnisfeier 102
4.5 Das ganze Leben eines Christenmenschen unter dem
    Segen Gottes 105

Literaturhinweise 106

Vorwort

Liebe Leserin! Lieber Leser!

In einem bekannten Segenslied heißt es:

> *„Keiner kann allein Segen sich bewahren.*
> *Weil du reichlich gibst, müssen wir nicht sparen.*
> *Segen kann gedeihn, wo wir alles teilen,*
> *schlimmen Schaden heilen, lieben und verzeihn."*

„Segen" – das ist ein Wort, das Christen oft im Munde führen; würde man aber nachfragen, wäre wohl kaum eine genauere Auskunft darüber zu erhalten, was es eigentlich bedeutet, jemanden oder etwas zu segnen. Die zitierte Liedstrophe gibt einen ersten Hinweis darauf, wie wir in diesem Band des Grundkurses Liturgie der Bedeutung des Begriffes „Segen" auf die Spur kommen wollen: Im Segen begegnen sich auf wunderbare Weise Himmel und Erde, Gott und Mensch.

Weil Gott uns im Segen seine Gnade schenkt, weil er sich selbst uns schenkt, und dies, wie es das Lied treffend ausdrückt: „reichlich" tut, deshalb können auch wir den Segen Gottes weitergeben – zum Heil der Welt.

Der große thematische Bogen, den der vorliegende Band behandelt, verdeutlicht, dass es keinen Bereich menschlichen Lebens gibt, Trauer und Freude, Gesundheit und Krankheit, Beginn und Ende des Lebens, der nicht unter dem Segen Gottes steht. Dies zeigt sich auch in der Vielfalt liturgischer Formen, in denen der Segen gefeiert wird. Der bleibende Zuspruch Gottes wird ebenso erfahrbar im Alltag (Tagzeitenliturgie), in Hoch-Zeiten (Trauung), wie in schweren Krisensituationen (Krankensakramente). In all' diesen liturgischen Feiern wird deutlich, was das eingangs zitierte Lied besingt:

> *„Nie sind wir allein. Stets sind wir die Deinen.*
> *Lachen oder Weinen wird gesegnet sein."*

Stephan Winter
Martin Stuflesser   Münster, am Fest Allerheiligen 2005

1 Liturgie als Feier des bleibenden Zuspruchs Gottes

1.1 „... denn ich will euch eine Zukunft und eine Hoffnung geben":
Liturgie als Erfahrung des Heils in Raum und Zeit mit Jesus Christus, durch ihn und in ihm

Im ersten Grundkursband hatten wir uns ausführlich mit dem Ansatz einer (Liturgie-)Theologie nach der so genannten anthropologischen Wende befasst. Eine wichtige Erkenntnis, die wir festgehalten hatten, war, dass die Offenbarung Gottes in Raum und Zeit sich so ausgestaltet, wie es den Grundbefindlichkeiten menschlicher Existenz entspricht. Als diese Grundbefindlichkeiten hatten wir vor allem Sprachlichkeit, Zeitlichkeit/Geschichtlichkeit und Leiblichkeit herausgearbeitet (vgl. GKL 1/S. 23–35). In Anlehnung an ein Schaubild von Hansjürgen Verweyen lassen sich die wesentlichen Eigenschaften des menschlichen Daseins zusammenfassend in etwa wie folgt darstellen:

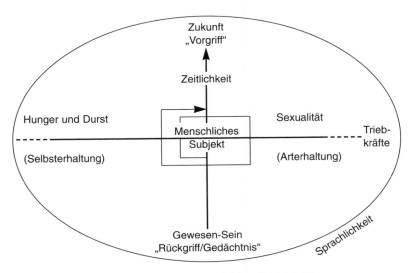

Grunddimensionen menschlicher Subjektivität

Die Vertikale der Zeitlichkeit (oder wenn die gemeinschaftlich erlebte Zeit in den Blick genommen wird: die Vertikale der Geschichtlichkeit) prägt das Leben des Menschen durch und durch. Jeder Moment des Menschenlebens erweist sich als bestimmt durch das, was zuvor gewesen ist, und ist „ausgespannt" auf das, was zukünftig kommt. Die Horizontale steht dafür, dass die vielfältigen Beziehungen des Menschen zu seiner Umwelt und Mitwelt, in die er durch seinen Leib vermittelt eingebunden ist, sich vor allem in Triebkräften konkretisieren: z. B. in Hunger und Durst oder in der Sexualität. Alle diese Grunddimensionen menschlichen Daseins sind nur insofern zugänglich, als der Mensch auf sie reflektiert: Uns wird immer wieder – mehr oder weniger ausdrücklich – bewusst, wie unser Leben gestaltet ist, wovon wir bestimmt werden, was uns durch und durch prägt. Dieser Vorgang der Bewusstwerdung ist notwendig an Sprache gebunden: Wir Menschen können nicht anders, als uns die Wirklichkeit sprachlich anzueignen – und das gilt dann auch für die Grundbefindlichkeiten unserer eigenen Existenz. Insofern genießt die Sprachlichkeit eine gewisse Sonderstellung, die im Schaubild dadurch angedeutet ist, dass sie sich wie ein großer Rahmen um die gesamten übrigen Dimensionen herumlegt.

Die kleine Spirale um den Ausdruck „menschliches Subjekt" steht für die genannte Reflexion des Menschen auf sein Dasein: Diese Spirale setzt vor dem Schnittpunkt der Vertikalen mit der Horizontalen auf der Vertikalen an. Das verweist darauf, dass das menschliche Subjekt sich nur mit Bezug auf seine Vergangenheit – wie kurz oder lang sie auch sein mag – seiner selbst bewusst werden kann. Ebenso unausweichlich ist das menschliche Subjekt aber auf eine Zukunft ausgerichtet. Die Reflexion trifft dann auf die Triebkräfte Hunger und Durst, insofern sie in den Blick nimmt, dass sich das einzelne Subjekt selbst erhalten will; dann aber auch auf den Geschlechtstrieb, in dem sich ausdrückt, dass Menschen nach der Erhaltung der menschlichen Art streben.

Alles menschliche Streben läuft aber letztlich ins Leere, wenn der Mensch alleine auf seine eigenen Kräfte baut. So drückt es exemplarisch Goethes Dr. Faustus aus, wenn er gleich zu Beginn des berühmten Dramas ausruft:

J. W. Goethe, Faust I

Habe nun, ach! Philosophie,
Juristerei und Medizin
Und, leider auch Theologie
Durchaus studiert, mit heißem Bemühn.
Da steh ich nun, ich armer Tor!
Und bin so klug, als wie zuvor

Verweyen fasst, indem er mit den Ausdrücken „Entwurf" und „Geworfen sein" auf ein Wortspiel zurückgreift, die Situation des Menschen, die Goethes Drama bekanntlich meisterhaft entwickelt, wie folgt zusammen: „Die Spirale als ganze soll andeuten, wie der Mensch im ständigen Kreisen um sich selbst nie mit sich selbst zur Deckung kommt und schließlich in einen Entwurf von Zukunft einmündet, in dem er sich am Ende ebenso als geworfen erfährt wie am Anfang ... Dasein ist immer schon ... Sein im Entwurf, in dem ich anderes mit einem bestimmten Ziel in den Blick nehme. Der seines Tuns bewusste Mensch weiß, dass er mit keinem seiner Entwürfe ganz zufrieden sein wird, dass ein unabschließbar unendliches Streben seine Existenz auszeichnet ... Er weiß aber auch, dass dies eine unvollendbare Unendlichkeit ist und dass sein letzter Wurf ins Leere gehen wird. Vor und in allem Entwerfen ist der Mensch ein ins Da-sein Geworfener" (Verweyen, Warum Sakramente?, 13 f.). Der Mensch kann demnach nicht aus eigener Kraft zu einem wirklich sinnerfüllten Lebensentwurf kommen, bilden doch zumindest der Tod, aber auch eine durch Schuld vergiftete Vergangenheit unüberwindliche Hindernisse dafür, eine „rundum gelungene" menschliche Existenz zu gestalten. Angesichts dieser Begrenzungen bliebe der Mensch letztlich den Kräften, die sein Dasein bestimmen, hilflos ausgeliefert.

Der biblisch begründete Glaube, der sich in der Feier der Liturgie ausdrückt, geht davon aus, dass Gott den Menschen genau in dieser Situation „abholt": Er nimmt Sprachlichkeit, Leiblichkeit und Zeitlichkeit/Geschichtlichkeit als Grunddimensionen menschlichen Daseins ernst, und will den Menschen mitten in ihrer Erfahrungswelt, die von diesen Grunddimensionen geprägt ist, begegnen. Dies zeigt er von Beginn der Schöpfung an und vor allem in der „Beziehungsgeschichte" mit seinem auserwählten Volk Israel, dem er durch den Propheten Jeremia sagen lässt: „Denn ich, ich kenne meine Pläne, die ich für euch habe – Spruch des Herrn –, Pläne des Heils und nicht des Unheils; denn ich will euch eine Zukunft und eine Hoffnung geben" (Jer 29,11).

Aber diese ganze Geschichte des Heils wird erst voll und ganz verständlich, wenn wir sie von Jesus Christus her betrachten, der selber das „fleischgewordene Wort" Gottes ist. In ihm wird Gott Mensch. In Jesus Christus „verleiblichen" sich Gottes Heilspläne (vgl. GKL 1/ S. 55 f.):

Gottes Idee vom geglückten Menschsein, das sich in einem sinnerfüllten Leben ausdrückt, ist nicht einfach nur ein Vorschlag, den er den Menschen unterbreitet. Er lebt dieses sinnerfüllte menschliche Leben selber vor – in Jesus Christus, der
- **immer ganz in der jeweiligen Gegenwart lebt und in jedem Augenblick seine Entscheidungen am Maßstab der Liebe Gottes ausrichtet.**
- **seine konkrete menschliche Existenz als Herausforderung und Berufung annimmt und ebenso alle anderen, denen er begegnet, so annimmt, wie sie sind. Er weckt dadurch auch in ihnen das Beste, gibt ihnen Kraft, die Fülle, die in ihnen steckt, zu entfalten.**
- **den Tod nicht als unwiderrufliches Ende seines Lebens versteht, sondern als Durchgang zu dessen Verewigung. Jesus demonstriert, dass die Entscheidung, sich aus freiem Entschluss ganz in den Dienst der Liebe zu stellen, auch wenn es das irdische Leben kostet, letztlich den Siegespreis davonträgt.**

Durch die Begegnung mit Gottes heilender und rettender Nähe wandeln sich also die Grunddimensionen menschlichen Daseins in Konturen eines Lebens in Fülle. Mit einer im Grundkurs einige Male gebrauchten Kurzformel kann man sagen: Wo es der Mensch mit Gott zu tun bekommt, da berühren sich Himmel und Erde, oder ohne Bild formuliert: da berühren sich Ewigkeit und Zeit.

> **Kann man konkreter sagen, wie sich für den Menschen mit seinen Grundbefindlichkeiten in der Liturgie Gottes Nähe erfahren lässt?**

Wir haben letztlich in allen Grundkursbänden vor allem anhand der verschiedenen sakramentalen Feiern gezeigt, wie sich diese Erfahrungen des Heils entfalten. Um es nochmals kurz am Beispiel der Eucharistie zu verdeutlichen (vgl. dazu GKL 3): Brot und Wein stehen zunächst exemplarisch für die angesprochenen Triebkräfte von Hunger und Durst. Aus der Sicht des biblischen Glaubens werden sie hingegen *erstens* als Gaben des Schöpfers angesehen, die der Mensch als Mitschöpfer in Dankbarkeit gebrauchen darf. Sie sind, wie die Liturgie sagt, „Frucht der Erde und der menschlichen Arbeit" (Gebet des Priesters bei der Gabenbereitung). *Zweitens* jedoch werden sie von der Mahlpraxis Jesu her und vor allem mit Bezug auf Jesu letztes Mahl mit den Seinen zur „Speise des ewigen Lebens". Jesus sagt von sich: „Ich bin das Brot des Lebens; wer zu mir kommt, wird nie mehr hungern, und wer an mich glaubt, wird nie mehr Durst haben" (Joh 6,35). Das menschliche Streben nach Selbsterhaltung wird so von Gott her erfüllt, der die Menschen nicht im Tod lässt, sondern in Jesus Christus, durch ihn und mit ihm auferweckt zu einem Leben, das keinen Tod mehr kennt. Und an diesem Leben schenkt er symbolisch bereits Anteil, wenn Getaufte miteinander das Mahl der Freude halten.

Taufe und Firmung stehen dementsprechend für die Heiligung des Anfangs jeder menschlichen Existenz. Durch die Sakramente des Christwerdens werden wir hinein genommen in das Christusereignis (vgl. GKL 2):

> **Röm 8,28 f**
>
> Wir wissen, dass Gott bei denen, die ihn lieben, alles zum Guten führt,
> bei denen, die nach seinem ewigen Plan berufen sind;
> denn alle, die er im voraus erkannt hat,
> hat er auch im voraus dazu bestimmt,
> an Wesen und Gestalt seines Sohnes teilzuhaben,
> damit dieser der Erstgeborene von vielen Brüdern
>   [und Schwestern] sei.

Wer an Christus Anteil erhält, symbolisch mit ihm stirbt und mit ihm auferweckt wird, wer besiegelt wird mit der Gabe Gottes, dem Heiligen Geist, dessen Leben kann nicht mehr ins Leere laufen, der hat Zukunft und Hoffnung, auch über die innerweltlichen Grenzen hinaus – es sei denn, Schuld und Sünde gefährdeten die Lebensgemeinschaft zwischen einem Menschen und Gott. Dann wird die Spirale, in der sich die menschliche Selbstreflexion vollzieht, nicht durchbrochen, der Mensch kreist nur noch um sich selber, seine eigenen Pläne. Diese Situation wird umso bedrohlicher, je kleiner die Spanne der Lebenszeit, die noch verbleibt, wird, und je mehr sich der Mensch bewusst wird, was misslungen ist, was an seiner Vergangenheit unheil geblieben ist. Die Verwirklichung der eigenen Pläne wird immer mehr zu einer unerreichbaren Utopie: „Soll die Daseinsspirale nicht zu einem *circulus vitiosus* werden, aus dem kein Heilszuspruch mehr herauszuhelfen vermag, dann müsste in die ‚Vertikale Zeitlichkeit' eine Gegenbewegung einfallen, die dem Menschen immer wieder die Möglichkeit gewährt, anzuhalten und sich neu zu orientieren" – hier ist der Ansatzpunkt für Taufgedächtnis und die liturgischen Feiern der Umkehr und Versöhnung (vgl. GKL 4).

? **Beziehen sich das Ehesakrament dementsprechend auf die menschliche Sexualität und die Krankensakramente auf elementare Bedrohungen des leiblichen Daseins?**

Genau: Diese beiden Knotenpunkte menschlicher Existenz, die in liturgischen Feiern für die Gottesbegegnung geöffnet werden, sind bisher im Grundkurs noch nicht zur Sprache gekommen. Wir werden dies im vorliegenden Band nachholen, denn gerade anhand der Feiern des Ehesakraments und der Krankensakramente lässt sich nochmals eindrucksvoll zeigen, wie Gott den Menschen bleibend Heil und Rettung zuspricht, ihnen Leben in Fülle schenkt.

? **Liegt darin aber nicht ein zu hoher Anspruch, dass Menschen ausgerechnet an Knotenpunkten ihres Daseins Leben in Fülle erfahren sollen? Muss dafür nicht die Begegnung mit Gott im Alltag eingeübt werden?**

Tatsächlich ist die Gottesbegegnung – wie wir immer wieder betont haben – zuallererst ein freies Geschenk Gottes. Die Theologie spricht diesbezüglich von Gnade. Und so werden wir in der Taufe ohne eigenes Verdienst erlöst, aufgrund unseres Glaubens an Gott, der sich in Leben, Tod, Auferweckung und Erhöhung Jesu Christi auf einzigartige Weise geoffenbart hat. In GKL 4 hatten wir bedacht, dass dieses Geschehen zweifellos immer mehr „verinnerlicht" werden muss. Luther spricht davon, dass wir ein Leben lang unter die Taufe zu kriechen haben! Dementsprechend können Menschen den Zuspruch Gottes auch in jedem Augenblick spüren. Die Kirche kennt eine Vielzahl von Möglichkeiten, diesen Zuspruch in den verschiedensten Situationen zum Ausdruck zu bringen. In diesen Zusammenhang gehören alle Gebete, die einen Segen aussprechen. Bevor wir also die Sakramente der Ehe und der Krankensalbung bedenken, wollen wir uns im zweiten Abschnitt dieses ersten Kapitels noch ein paar grundlegende Gedanken zum Thema „Segnen" machen. Das zweite Kapitel ist dann einer liturgischen Grundform gewidmet, mittels der die Kirche Tag für Tag aus ihrem Lebensquell, der Gnade Gottes, schöpft, wie sie in Christus Jesus erschienen ist: der Tagzeitenliturgie.

1.2 Gieße deine Gnade in unsere Herzen ein – der Segen

Aaronitischer Segen

Der HERR segne dich und behüte dich; der HERR lasse sein Angesicht leuchten über dir und sei dir gnädig; der HERR hebe sein Angesicht über dich und gebe dir Frieden.

Dieser Text, der vielen aus der Liturgie vertraut vorkommen wird, ist der so genannte Aaronitische Segen. Er findet sich im vierten Buch Mose, dem Buch Numeri, wo es heißt:

Num 6,22–27

Der Herr sprach zu Mose: Sag zu Aaron und seinen Söhnen: So sollt ihr die Israeliten segnen; sprecht zu ihnen:

> Der Herr segne dich und behüte dich. Der Herr lasse sein Angesicht über dich leuchten und sei dir gnädig. Der Herr wende sein Angesicht dir zu und schenke dir Heil. So sollen sie meinen Namen auf die Israeliten legen und ich werde sie segnen.

Segen, so macht es der Text deutlich, bedeutet, den Namen Gottes anzurufen, und diesen Namen Gottes auf die Menschen „zu legen". Dies wirkt zunächst so, als sei der Name Gottes eine Art Schutzmantel von außen, der einen fürderhin vor aller Unbill und allen Unwägbarkeiten des Lebens beschützen und bewahren wird. Sicher ist ein solches Verständnis von Segen weit verbreitet: Der Segen gilt vielen dann als eine Art festlicher Zauberspruch, der einen in fast schon magischer Weise beschützt.

Mit dem, was Segen vom biblischen Ursprung und der Feier der Liturgie her bedeutet, hat ein solches Verständnis jedoch wenig zu tun. Denn der Segen ist kein Automatismus: Auch nach dem Wettersegen am Ende der Messfeier zur Erntezeit kann es durchaus zu Unwettern und zu Ernteschäden kommen. Weder schützt der Segen automatisch vor Tiefdruckgebieten mit Hagelschlag, noch bedeutet es Gottes Rache oder Zorn, wenn nun nicht das eintritt, was im Segen aus- und zugesprochen wurde: gedeihliches Wetter. Bevor wir uns also von irgendwelchen abergläubischen Vorstellungen in die Irre führen lassen, schauen wir einmal genauer hin:

Wettersegen [Messbuch I, S. 566]

> Gott, der allmächtige Vater, segne euch und schenke euch gedeihliches Wetter; er halte Blitz, Hagel und jedes Unheil von euch fern. Amen.
> Er segne die Felder, die Gärten und den Wald und schenke euch die Früchte der Erde. Amen.
> Er begleite eure Arbeit, damit ihr in Dankbarkeit und Freude gebrauchet, was durch die Kräfte der Natur und die Mühe des Menschen gewachsen ist. Amen.
> Das gewähre euch der dreieinige Gott, der Vater und der Sohn + und der Heilige Geist. Amen.

Dieser feierliche Wettersegen macht deutlich, dass es beim Segen nicht um Magie geht. Was auf den Feldern gewachsen ist, das ist immer auch Frucht der menschlichen Arbeit, das ist oftmals den unbeugsamen Kräften der Natur abgetrotzt. Und doch, so macht es der Text deutlich, weiß sich der Mensch in diesem mühevollen Tagewerk gesegnet. Auch die härteste Arbeit ist, trotz vielleicht mancher frustrierender Erfahrung und mancher Rückschläge, von Gott gesegnet. Der Mensch ist nicht allein in der Schöpfung, sondern er weiß Gott an seiner Seite. Gott segnet den Menschen in all seinem Tun, in seiner Arbeit und Mühe.

? **Ist also „Segen" so etwas wie eine Einbahnstraße? Wendet sich im Segen Gott allein dem Menschen zu, so dass dieser dann nur noch „Ja und Amen" sagen kann?**

Um zu verstehen, was beim Segen wirklich geschieht, müssen wir noch einmal genauer untersuchen, woher Segen eigentlich kommt und wie er sich entwickelt hat. Dabei ist zunächst festzustellen, dass unser deutsches Wort „Segen" wenig hilfreich ist, vielleicht sogar die ursprüngliche Bedeutung dessen, was inhaltlich mit Segen gemeint ist, eher verstellt und verbirgt als es zu erhellen. „Segnen" kommt vom lateinischen „signare" und das heißt bezeichnen, besiegeln. Ein bisschen kommen wir schon auf die theologische Spur des Gemeinten, wenn wir noch einmal an die Riten und Symbolhandlungen bei der Taufe zurückdenken (vgl. GKL 2/S. 32–47). Der Neugetaufte, so hatten wir gesehen, wird mit dem Zeichen des Kreuzes „versiegelt". Das Kreuz auf der Stirn wird den Neugetauften so zum eschatologischen Heilszeichen (vgl. Ez 9). Wenn also im Deutschen das Wort „Segen" in deutlicher sprachlicher Abstammung vom lat. *„signare"* verwendet wird, so legt das den Gedanken nahe, dass auch der Segen im Mittelalter als eine Art Schutzzeichen verstanden wurde. Dies ist sicher nicht falsch, aber wäre alleine zu wenig – denn „Segen" meint noch viel mehr.

Hilfreich ist es, wenn wir uns vergegenwärtigen, dass der Segen im Lateinischen „benedictio" heißt. Segnen heißt *„benedicere"*, und das liturgische Buch, in dem sich Segnungen finden, ist das „Benediktionale".

Benedicere – darin stecken zwei Wörter: *„bene"*, das bedeutet „gut", und *„dicere"* bedeutet „sagen", „sprechen". *Benedicere* bedeutet also zunächst nichts anderes als „gut sprechen". Und so fremd das im ersten Moment klingen mag, wir haben auch im Deutschen noch ein, freilich recht altertümlich klingendes, Wort, das die Verwandtschaft zum lateinischen *benedicere* deutlich aufweist. So heißt es im Gebet „Gegrüßet seist du, Maria":

> „Gegrüßet seist du, Maria, du bist voll der Gnade, der Herr ist mit dir, du bist gebenedeit unter den Frauen. Und gebenedeit ist die Frucht deines Leibes Jesus."

Das deutsche Wort „benedeien" ist eine wörtliche Übersetzung des lat. *benedicere*. Und so sagt dieses Gebet, dass sowohl die Jungfrau und Mutter Maria als auch Jesus „gebenedeit" sind. Wer hier Gutes zu Maria gesprochen hat, macht der Anfang des Textes deutlich: Maria ist gebenedeit, wir können auch sagen: gesegnet, weil Gott mit ihr ist und sie von Gott so reich mit seiner Zuwendung beschenkt wurde, dass Maria „voll der Gnade ist". Gnade und Segen hängen demnach also aufs Engste zusammen. Und bei beiden vielleicht zunächst schwierig erscheinenden Begriffen geht es nicht darum, dass Gott irgendetwas schenkt, sondern ganz schlicht sich selbst, er wendet sich den Menschen in Liebe zu. Sehr schön findet sich der Gedanke auch im Tagesgebet des 4. Adventssonntags, das vielen vielleicht noch als Abschlussgebet des täglichen Angelus/Engel des Herrn-Gebetes geläufig ist. Dort heißt es:

Tagesgebet, 4. Adventssonntag

Allmächtiger Gott, gieße deine Gnade in unsere Herzen ein. Durch die Botschaft des Engels haben wir die Menschwerdung Christi, deines Sohnes, erkannt. Führe uns durch sein Leiden und Kreuz zur Herrlichkeit der Auferstehung. Darum bitten wir durch Christus, unseren Herrn. Amen.

Es geht also darum, dass Gott sich uns schenkt, nicht als etwas Außenstehendes, künstlich Hinzugefügtes, nein, er will uns bei unserem Herzen packen, er ist uns so nahe, dass wir gleichsam unser Innerstes von ihm durchdringen lassen. Insofern, so macht das Gebet deutlich, bleibt das „Erkennen" der Menschwerdung Gottes auch nichts Äußerliches. Denn diesen Christus zu erkennen heißt, ihm nachzufolgen bis hinein in Leiden, Tod und Kreuz, um so mit ihm zur Herrlichkeit der Auferstehung zu gelangen.

Wie sehr diese Begegnung mit dem Heilshandeln Gottes ein Menschenleben verändern und durchwirken kann, findet sich schon in der Bibel. Im Alten Testament gibt es eine spannende Geschichte über Jakob, den Stammvater Israels, der um den Segen Gottes ringt. Es heißt dort:

> **Gen 32,23–32**
>
> In derselben Nacht stand er [Jakob] auf, nahm seine beiden Frauen, seine beiden Mägde sowie seine elf Söhne und durchschritt die Furt des Jabbok. Er nahm sie und ließ sie den Fluss überqueren. Dann schaffte er alles hinüber, was ihm sonst noch gehörte. Als nur noch er allein zurückgeblieben war, rang mit ihm ein Mann, bis die Morgenröte aufstieg. Als der Mann sah, dass er ihm nicht beikommen konnte, schlug er ihn aufs Hüftgelenk. Jakobs Hüftgelenk renkte sich aus, als er mit ihm rang. Der Mann sagte: Lass mich los; denn die Morgenröte ist aufgestiegen. Jakob aber entgegnete: Ich lasse dich nicht los, wenn du mich nicht segnest. Jener fragte: Wie heißt du? Jakob, antwortete er. Da sprach der Mann: Nicht mehr Jakob wird man dich nennen, sondern Israel (Gottesstreiter); denn mit Gott und Menschen hast du gestritten und hast gewonnen. Nun fragte Jakob: Nenne mir doch deinen Namen! Jener entgegnete: Was fragst du mich nach meinem Namen? Dann segnete er ihn dort. Jakob gab dem Ort den Namen Penuël (Gottesgesicht) und sagte: Ich habe Gott von Angesicht zu Angesicht gesehen und bin doch mit dem Leben davongekommen. Die Sonne schien bereits auf ihn, als er durch Penuël zog; er hinkte an seiner Hüfte.

Jakob ringt um sein Leben. Er ringt mit einem zunächst unbekannten Mann und Jakob scheint in diesem Kampf klar der Unterlegene zu sein. Aber anstatt einfach aufzugeben, ist dieser Jakob störrisch: Er verkrallt sich geradezu in seinen Kampfgegner und sagt diesem, dass er ihn erst dann loslässt, wenn dieser ihn zuvor segnet. Und genau in diesem Moment offenbart sich der Kampfesgegner als der lebendige Gott, und er segnet Jakob tatsächlich und verleiht ihm den Namen Israel, der Gottesstreiter. Freilich, Jakob verlässt das Ringen mit Gott zwar als Gesegneter, aber auch als Gezeichneter – er hinkt.

Was für eine Geschichte? Und doch führt sie uns in ihrer tiefen Weisheit in das Zentrum dessen, was Segen bedeutet. Segen ist Begegnung mit dem lebendigen Gott.

> **?** Wenn es aber beim Segen darum geht, dass Gottes Gnade als Gott selbst den Menschen zugesprochen wird, ist dann der Mensch bloß der Empfangende?

Hier lohnt es sich, sprachlich noch einmal genauer hinzusehen. Das lateinische *benedicere* ist nämlich bereits eine Übersetzung des griechischen *eulogein*.

Eulogein heißt ebenfalls wörtlich übersetzt „gut sprechen", es bedeutet jedoch noch viel mehr: *Eulogein* ist die griechische Übersetzung des hebräischen *barak*, und das heißt „loben" und „preisen". Wir kennen dieses Wort schon aus dem dritten Band des Grundkurses als Grundform aller jüdischen und frühchristlichen Gebete: die *Berakah* (vgl. GKL 3/S. 63 f.)!

Die Kurzform einer *Berakah* besteht aus zwei Teilen:
1. einem gleichbleibenden Teil, der, nach dem ersten Wort „baruch" (dt.: „Gepriesen sei ..."), Baruch-Formel genannt wird: „Gepriesen bist du, JHWH, unser Gott, König des Alls."
2. einem kurzen veränderlichen Teil mit dem jeweiligen Motiv für das Lob.

Diesem Schema gemäß lautet die *Berakah* über den Weinbecher beim Tischsegen des jüdischen Festmahles: „Gepriesen seist du, HERR, unser Gott, König der Welt, der die Frucht des Weinstocks schafft." Eine Berakah, so hatten wir gesehen, ist ein kurzer Lobpreis, der nach einem bestimmten Muster aufgebaut ist: „Gepriesen bist Du, Herr unser Gott, der du ..."

? Das ist doch aber jetzt verwirrend! Hatten wir nicht eben festgestellt, dass Gott dem Menschen Gutes zuspricht? Und jetzt sieht es genau umgekehrt aus? Der Mensch lobt und preist? Wie verhält sich dies beides zueinander?

Tatsächlich ist es so, dass nach jüdischem Verständnis der Mensch Gott „segnet", weil er Gutes über ihn aussagt. Denken wir noch einmal an die Berakah beim Tischsegen vor dem jüdischen Mahl. Dort heißt es im Gebet über das Brot:

> Gepriesen seist du, HERR, unser Gott, König der Welt, der die Frucht des Weinstocks schafft.

Der Mensch steht vor dem Angesicht Gottes und lobt und preist ihn, er „segnet" Gott in seiner himmlischen Größe: Dieser Gott ist der König der Welt. Er vergewissert sich der (Heils-)Taten Gottes und weiß sich somit auch selbst jetzt und für alle Zukunft hinein genommen in diese Zuwendung Gottes zu den Menschen: Gott hat die Frucht des Weinstocks geschaffen, er ist der Schöpfer der Welt. Der Mensch erfährt sich somit als gesegnet, als begnadet, als von Gott beschenkt. Auch der Segen ist also, wie jedes liturgische Geschehen ein Dialog zwischen Gott und den Menschen. Dies drückt ja auch das Bild der Jakobsgeschichte aus: Der Mensch „ringt" mit Gott, er tritt ein in einen Dialog mit Gott. Der Hl. Augustinus fasst dies so zusammen:

> **Augustinus, Erzählkommentar zu Psalm 66**
>
> Wir wachsen, wenn Gott uns segnet, und wir wachsen, wenn wir Gott preisen [= segnen]. Beides ist gut für uns. Das erste ist, dass Gott uns segnet. Und weil er uns segnet, können wir ihn preisen. Von oben kommt der Regen; aus dem Erdreich wächst die Frucht [CCL 39, 856].

Dieses dialogische Element beim Segen wird besonders deutlich etwa im feierlichen Schlusssegen, den es an den Festen und Hochfesten des Kirchenjahres gibt. Dort heißt es etwa im Feierlichen Schlusssegen der Osternacht:

Feierlicher Schlusssegen der Osternacht

In dieser Nacht, die erhellt ist durch die Auferstehung unseres Herrn Jesus Christus, segne euch der gütige Gott und bewahre euch vor der Finsternis der Sünde. Amen.
In Christus haben wir Anteil am ewigen Leben; in ihm führe euch Gott zur unvergänglichen Herrlichkeit. Amen.
Unser Erlöser hat uns durch die Tage seines Leidens zur österlichen Freude geführt; er geleite euch alle Tage des Lebens bis zu jener Osterfreude, die niemals endet. Amen.
Das gewähre euch der dreieinige Gott, der Vater und der Sohn + und der heilige Geist. Amen.

Zunächst erkennen wir in dieser feierlichen Segensform sehr deutlich, dass Segen immer auch bedeutet, Gott zu segnen, ihn zu loben und zu preisen für die Großtaten seines Heils. Diese Großtaten werden freilich dem Menschen zugesprochen. Er wird in das Heilshandeln Gottes mit hinein genommen – das feiert ja die Liturgie. Und zu unserer Ausgangsfrage zurückgekehrt, ob der Mensch „nur noch" Ja und Amen sagen kann, ist demnach anzumerken: Nicht nur noch, nein, der Mensch antwortet Gott durch sein Amen – indem er bestärkt und bekräftigt: So sei es! So ist es!

Dies bedeutet freilich noch etwas anderes: Segen hat immer mit der Beziehung von Gott und Mensch zu tun.

Und wieso werden dann auch Dinge gesegnet? Wieso kann man etwa Andachts-Gegenstände von einem Priester segnen lassen? Wieso werden Autos zu Beginn der Schulferien gesegnet?

Schauen wir uns einmal ein solches Segensgebet an:

Benediktionale: Segnung von Fahrzeugen: Segensgebet

Zelebrant: Unsere Hilfe ist im Namen des Herrn.
Alle: Der Himmel und Erde erschaffen hat.
Zelebrant: Herr, erhöre mein Gebet.

Alle:	Und lass mein Rufen zu dir kommen.
Zelebrant:	Herr und Gott, wir stehen vor deinem Angesicht und rufen zu dir. Segne + diese Fahrzeuge (Kraftfahrzeuge) und beschütze alle vor Unglück und Schaden, die sie in Beruf und Freizeit benützen. Gib, dass wir im Straßenverkehr allzeit verantwortungsbewusst bleiben; mach uns rücksichtsvoll und hilfsbereit. Lass uns in allem, was wir tun, deine Zeugen sein. Das gewähre uns durch Christus, unseren Herrn.
Alle:	Amen.

Das Segensgebet macht deutlich, worum es im Segen inhaltlich geht: Die Dinge werden nicht an sich gesegnet, werden nicht magisch aufgeladen. Es kommt auf den Gebrauch dieser Dinge an, und auf die, welche diese Dinge gebrauchen. Der Segen erbittet den Schutz Gottes für alle Menschen, die in diesem Auto unterwegs sind. Er gemahnt aber auch, jene Tugenden, die einen Christen auszeichnen sollten, nämlich: Rücksichtnahme, Nächstenliebe, Verantwortungsbewusstsein, nicht im Straßenverkehr plötzlich zu vergessen. Wer sein Auto im Straßenverkehr rücksichtslos verwendet, kann sich nicht auf den Segen Gottes berufen als eine Art göttliche Vollkasko-Versicherung. Vielmehr gilt: Gott, der Schöpfer, schenkt uns Menschen die Gaben seiner Schöpfung, aber er schenkt sie uns, damit wir sie so gebrauchen, wie er es als Schöpfer in seiner Schöpfungsordnung vorgesehen hat. So heißt es in der Pastoralen Einführung zum Benediktionale, dem liturgischen Buch für die Segensfeiern:

Benediktionale, Pastorale Einführung, Nr. 8:

Der Christ liebt die von Gott geschaffenen Dinge: Von ihm empfängt er sie und schätzt sie als Gaben aus Gottes Hand. In den Segnungen werden sie als Zeichen gedeutet, in denen der Mensch die in der Natur und im Schaffen des Menschen wirkende Schöpfermacht und Güte Gottes erkennt.

Das Benediktionale ist demnach kein Zauberbuch mit gesammelten Zaubersprüchen und im Benediktionale stehen auch nicht nur die Segensgebete. Diese Segensgebete sind vielmehr eingebettet in gottesdienstliche Feiern. Und selbst wenn eine solche Feier sehr kurz und knapp ist, so finden sich doch alle Elemente in ihr, die eine liturgische Feier ausmachen: Es wird Gottes Heilshandeln in einem Wort aus der Heiligen Schrift verkündet, Gott wird gelobt und gepriesen für sein Handeln, es wird gemeinsam gebetet und es wird am Ende der Segen Gottes zugesprochen. Und durch diesen Segen wiederum „[...] werden die Gaben der Schöpfung und das Werk des Menschen zum Anlass, sich zu Gott hinzukehren, ihm zu danken, ihn zu preisen und ihn um Hilfe anzurufen." [Benediktionale, Pastorale Einführung, Nr. 8.] Alle magischen Missverständnisse abwehrend heißt es deshalb auch:

> **Benediktionale, Pastorale Einführung, Nr. 10**
>
> Segnungen sind Zeichen des Heiles. Sie setzen daher [...] den Glauben voraus. Damit ist magisches Missverständnis grundsätzlich ausgeschlossen.

Fassen wir also unsere Überlegungen zum Segen zusammen:

- **Der Mensch bedarf als Geschöpf Gottes des Segens seines Schöpfers. Von diesem Schöpfergott glauben und bekennen wir, dass er das Heil des Menschen will und diesen Heilswillen Gottes dürfen wir uns zusprechen lassen.**
- **Segnen bedeutet dabei beides: Gott segnet den Menschen und der Mensch segnet Gott, das heißt: wir loben und preisen ihn.**
- **Da wir als Christen wissen, dass wir ohne Gott nichts zu tun vermögen (vgl. Joh 15,5), vertrauen wir unser ganzes Leben, unsere gesamte irdische Existenz, den Alltag wie die Festzeiten, die Höhepunkte wie die schweren Krisensituationen dem Segen Gottes an.**
- **Da es sich beim Segen um eine liturgische Feier handelt, besteht dieser immer aus Elementen der Verkündigung der Schrift, des Gotteslobes und des Dankes, sowie dem eigentlichen Segensgebet.**

2 „Wacht und betet allezeit"

Die Tagzeitenliturgie als tägliche Einübung in das Paschamysterium

2.1 Meine Zeit in Gottes Händen

Wie wir im vorausgegangenen Kapitel gesehen hatten, bedeutet christliche Existenz unter dem Segen Gottes zu leben. Das ganze Leben eines getauften Christen ist ein Leben mit Gott, und dies in all seinen Facetten: im Alltag wie an Festen, in Gesundheit wie in Krankheit, in guten wie in schlechten Tagen. In Band 1 des Grundkurses hatten wir bereits festgehalten, dass die Feier der Liturgie dieses Leben mit Gott in besonderer Weise verdichtet, so dass die Liturgiekonstitution des II. Vatikanischen Konzils *Sacrosanctum Concilium* mit Recht davon sprechen kann, die Liturgie sei Quelle und Höhepunkt allen Tuns der Kirche (SC, Art. 10). Dabei feiert die Liturgie das Heilshandeln Gottes in seinem Sohn Jesus Christus: Liturgie ist Feier des Paschamysteriums. So heißt es in der Liturgiekonstitution:

> **SC, Art. 5**
>
> „Dieses Werk der Erlösung der Menschen und der vollendeten Verherrlichung Gottes […] hat Christus, der Herr erfüllt, besonders durch das Pascha-Mysterium: sein seliges Leiden, seine Auferstehung von den Toten und seine glorreiche Himmelfahrt."

Diese Feier des Paschamysteriums in den unterschiedlichen liturgischen Formen entfaltet sich im Lauf der Zeit. Wir nennen daher auch die sonntägliche Feier der Eucharistie das Wochen-Pascha, und die jährliche Osterfeier ist das Jahres-Pascha, bei der wir an den drei österlichen Tagen (Gründonnerstag, Karfreitag, Ostern) besonders des Leidens, des Todes und der Auferstehung Jesu gedenken.

Gibt es denn auch so etwas wie die tägliche Feier des Pascha-Mysteriums? Ein Tages-Pascha?

Es mag gestattet sein, an dieser Stelle mit einer autobiografischen Beobachtung zu beginnen: Als ich ein kleiner Junge war, hat es mich sehr beeindruckt, dass an einem der beiden großen Türme der Stiftskirche in Neustadt an der Weinstraße in großen Lettern über der Kirchturmuhr stand: „Meine Zeit in deinen Händen". Hierbei handelt es sich um ein Zitat aus Psalm 31,16, wo es in der Übersetzung Martin Luthers heißt:

> **Psalm 31,16**
>
> Meine Zeit steht in deinen Händen. Errette mich von der Hand meiner Feinde und von denen, die mich verfolgen.

Die Zeit meines Lebens, so wurde mir schon damals deutlich, ist von Gott gehalten. Meine Existenz ist keine zufällige, sondern eine von Gott gewollte. Dies feiern wir besonders an bestimmten Knotenpunkten menschlicher Existenz, und auf zwei besondere Situationen wollen wir im Folgenden noch eingehen. Aber auch der ganz normale Tagesablauf ist Zeit in Gottes Händen. Besonders deutlich wird uns dies wahrscheinlich zum Jahreswechsel, wenn wir an Silvester auf ein altes Jahr zurückblicken und in das Neue Jahr hoffnungsvoll hineinfeiern. Der Theologe und Dichter Jochen Klepper hat den Gedanken unserer Lebenszeit in Gottes Händen in einem bekannten Lied zum Jahresschluss so ausgedrückt:

> **GL 157, Strophe 1+6**
>
> Der du die Zeit in Händen hast,
> Herr, nimm auch dieses Jahres Last
> und wandle sie in Segen.
> Nun von dir selbst in Jesus Christ
> die Mitte selbst gewiesen ist,
> führ uns dem Ziel entgegen.
> Der du allein der Ewge heißt
> und Anfang, Ziel und Mitte weißt
> im Fluge unsrer Zeiten:

> bleib du uns gnädig zugewandt
> und führe uns an deiner Hand,
> damit wir sicher schreiten.

Doch nicht nur an Silvester/Neujahr dürfen wir uns gewiss sein, dass wir unsere Lebenszeit als ein Geschenk von Gott erhalten haben, dass wir im Angesicht Gottes leben und er uns trägt, lenkt und leitet. Auch in kleinen, alltäglichen Dingen mag uns dies aufgehen: Daran erinnert vielleicht noch das Morgengebet nach dem Aufwachen oder das Abendgebet vor dem Einschlafen, wenn man den vergangenen Tag noch einmal kritisch Revue passieren lässt, sich dessen gewahr wird, wo man als getaufter Christ hinter dem Anspruch des Evangeliums zurück geblieben ist, um den Tag dann dankbar und zuversichtlich in Gottes Hände zurück zu legen.

Schon früh hat sich im noch jungen Christentum der Brauch eingebürgert, dass sich die Gemeinde zum Morgenlob und zum Abendlob versammelt. Dabei konnten frühe Gemeinden durchaus auf das judenchristliche Erbe zurückgreifen, wenn im Judentum der Abend in besonderer Weise dem Gedächtnis des Auszugs aus Ägypten gewidmet war und der Morgen dem Gedächtnis des Bundesschlusses am Sinai. Hiervon kündeten auch die Opfer am Jerusalemer Tempel („tamid" genannt), die morgens und abends dargebracht wurden. In der Zeit des Exils veränderten sich diese Gebetszeiten und wurden auch im Gottesdienst der Synagoge übernommen. Dreimal täglich sollte gebetet werden, so finden wir es noch in der judenchristlichen Schrift der Didache. Freilich wurden diese schon im Judentum üblichen Gebetszeiten dann ganz im Licht des Christusmysteriums gesehen und gedeutet, wovon wir auch Zeugnis im Neuen Testament finden:

> **Eph 5,14–17**
>
> Alles Erleuchtete aber ist Licht. Deshalb heißt es: Wach auf, du Schläfer, und steh auf von den Toten, und Christus wird dein Licht sein. Achtet also sorgfältig darauf, wie ihr euer Leben führt, nicht töricht, sondern klug. Nutzt die Zeit; denn diese Tage sind böse. Darum seid nicht unverständig, sondern begreift, was der Wille des Herrn ist.

In Erwartung des wiederkommenden Christus versammelte sich die christliche Gemeinde, um zu wachen und zu beten. Besonders das Morgengebet, die Laudes (vom lateinischen: *laudes matutinae* = morgendlicher Lobgesang), und das Abendgebet, die Vesper (vom lateinischen: *vesperae* = Abend), bildeten sich dabei im östlichen Mittelmeer-Raum schon früh als Liturgiefeier der Gemeinde heraus. Dabei ist die Vesper am Abend thematisch auf die Feier der Hingabe Jesu Christi am Kreuz ausgerichtet, sie ist Gedächtnis seines Leidens und seines Todes, die Laudes ist Gedächtnis der Auferstehung Christi. So wird der ganze Tageslauf eines jeden Tages zu einer Feier des Paschamysteriums.

Die Allgemeine Einführung in das Stundengebet (AES), die der nachkonziliaren Ordnung der Feier der Tagzeitenliturgie vorangestellt ist, fasst dies gleich in Nr. 1 zusammen:

AES, Nr. 1

Das öffentliche und gemeinsame Gebet des Volkes Gottes gilt mit Recht als eine der Hauptaufgaben der Kirche. Von Anfang an hielten darum die Getauften „an der Lehre der Apostel fest und an der Gemeinschaft, am Brechen des Brotes und an den Gebeten" (Apg. 2,42). Die Apostelgeschichte bezeugt an mehreren Stellen das einmütige Beten der Christengemeinde.

Urkirchliche Quellen bezeugen, dass auch die einzelnen Gläubigen bestimmte Stunden dem Gebet widmeten. Bald wurde es in verschiedenen Gemeinden üblich, besondere Stunden für das gemeinsame Gebet zu bestimmen, so die letzte Stunde des Tages, wenn es Abend wurde und man das Licht anzündete, oder die erste, wenn das heraufdämmernde Tageslicht die Nacht beendete.

Im Laufe der Zeit wurden auch verschiedene andere Stunden durch gemeinsames Gebet geheiligt, auf die nach Auffassung der Väter die Apostelgeschichte hinweist. Denn dort findet man die Jünger zur dritten Stunde versammelt. Der Apostelfürst „stieg auf das Dach, um zu beten; es war um die sechste Stunde" (10,9).

> „Petrus und Johannes gingen um die neunte Stunde zum Gebet in den Tempel hinauf" (3,1). „Um Mitternacht beteten Paulus und Silas und sangen Loblieder" (16,25).

Dabei ist das tägliche Gebet nicht irgendeine lästige Pflichtübung. Ganz im Gegenteil entspringt dieses Gebet der Würde, die uns durch unser Getauftsein zukommt:

AES, Nr. 7

Ein besonders enges Band verbindet Christus mit jenen Menschen, die er durch das Sakrament der Wiedergeburt [= die Taufe] als Glieder in seinen Leib, die Kirche, aufnimmt. […] Auch am Priestertum Christi hat der ganze Leib, die Kirche, Anteil; denn die Getauften werden durch die Wiedergeburt und die Salbung mit dem Heiligen Geist zu einem geistlichen Bau und zu einem heiligen Priestertum geweiht. Sie werden befähigt zur Gottesverehrung des Neuen Bundes, die nicht unseren eigenen Kräften entstammt, sondern Verdienst und Geschenk Christi ist.

Im Gebet, so macht es diese liturgietheologische Einleitung deutlich, haben wir Anteil am Priestertum Christi. Es lässt sich sogar sagen, dass wir in gewisser Weise als betende Menschen das Wirken Jesu auf Erden fortsetzen, so Nr. 7 im weiteren Verlauf:

AES, Nr. 7

Darin also liegt die Würde christlichen Betens, teilzuhaben an der Liebe des Eingeborenen zu seinem Vater und an seinem Gebet, das während seines Erdenlebens in seinen Worten zum Ausdruck kam und das jetzt auch im Namen und zum Heil der ganzen Menschen in der Kirche und in allen ihren Gliedern unablässig fortdauert.

Aber warum genügt es nicht, wenn ich für mich alleine bete? Heißt es nicht im Matthäus-Evangelium (Mt 6,5 f), wenn wir beten, sollen wir in die Kammer gehen und im Verborgenen beten?

Hier ist festzuhalten, dass sich nicht eine Form des Gebets gegen die Andere ausspielen lässt. Auch das Gebet in der Stille, das Gebet alleine vor Gott hat durchaus seinen Wert. Liturgie ist aber immer Liturgie der Kirche. Dies hat ja durchaus auch eine korrigierende Funktion. Dort, wo ich mich vielleicht im privaten Gebet in einen Gedanken verrannt habe, wo ich zu sehr das eigene Wohl im Blick habe, werden durch das gemeinschaftliche Gebet mein Horizont erweitert und meine Engstirnigkeiten aufgebrochen.

> **AES, Nr. 9**
>
> Sicher ist auch das Gebet in der Kammer und bei verschlossener Tür immer notwendig und empfehlenswert; die Glieder der Kirche vollbringen es durch Christus im Heiligen Geiste. Gleichwohl kommt dem Gebet der Gemeinschaft eine ganz besondere Würde zu, weil Christus selber gesagt hat: „Wo zwei oder drei in meinem Namen versammelt sind, da bin ich mitten unter ihnen" (Mt 18,20).

So bedeutet die Feier der Liturgie der Tagzeiten zweierlei: Sie dient der Heiligung der Zeit und der Heiligung des Menschen.

Die Heiligung der Zeit bedeutet: „Das Stundengebet soll den Tag und alle menschlichen Tätigkeiten heiligen" (AES, Nr. 11). Im Lukasevangelium finden wir die Weisung Jesu, allezeit zu beten und darin nicht nachzulassen (vgl. Lk 18,1). Die Kirche folgt dieser Weisung des Herrn besonders durch die tägliche Feier des Stundengebets, denn es heiligt „[…] den gesamten Ablauf von Tag und Nacht; darin liegt seine Besonderheit gegenüber den anderen liturgischen Handlungen" (AES, Nr. 10).

Zugleich erwirkt die gemeinschaftliche Feier eine Heiligung des Menschen, der daran teilnimmt. Dabei ist auch die Feier des Stundengebets zutiefst dialogisch geprägt: „Die Heiligung des Menschen und die Verherrlichung Gottes vollziehen sich im Stundengebet gleichsam als Austausch oder Zwiegespräch zwischen Gott und den Menschen: ‚Gott spricht zu seinem Volk ... das Volk antwortet mit Gesang und Gebet'" (AES, Nr. 14/vgl. SC. Art. 33). Dieser Dialog zwischen Gott und Mensch bedient sich einer Vielzahl von Psalmen, Hymnen, Liedern und Lesungen, die der Heiligen Schrift entnommen sind:

> **AES, Nr. 14**
>
> Eine besondere Heiligungskraft geht auf die Teilnehmer am Stundengebet vom heilbringenden Wort Gottes aus. Es nimmt darin einen gewichtigen Platz ein. Aus der Heiligen Schrift werden nämlich Lesungen vorgetragen. Gottes Wort aus den Psalmen wird vor seinem Angesicht Gesang. Auch die übrigen Bitten, Orationen und Gesänge sind vom Anhauch der Heiligen Schrift geprägt.

2.2 Ursprung und verschiedene Modelle der Tagzeitenliturgie

Die Entwicklung der verschiedenen Feierformen ist vielgestaltig, und wenn wir uns im Folgenden zweier Modelle bedienen, so sei daran erinnert, dass es sich eben nur um Modelle handelt, die ein besseres Verständnis der Grundstrukturen ermöglichen, die aber wahrscheinlich in der geschichtlichen Entwicklung immer in verschiedenen Formen (auch Mischformen) nebeneinander existiert haben. Generell lässt sich sagen, dass wir zwei große Traditionsstränge kennen, die sich im Laufe der Jahrhunderte vermischt haben.

Das Kathedraloffizium

Es handelt sich seit frühester Zeit um eine gemeindliche Feier. Besonders im östlichen Mittelmeerraum bildeten sich am Morgen und am Abend mit den Feiern der Laudes und der Vesper schon früh solche Feierformen aus. Weil diese vor allem in den größeren städtischen Kirchen unter dem Vorsitz des Bischofs stattfanden, sprechen wir auch vom Kathedraloffizium.

Die monastische Tradition

Das so genannte klösterliche oder auch monastische Offizium findet sich vollständig in der Regel des hl. Benedikt (Anfang 6. Jahrhundert). Es geht jedoch auf wesentlich ältere monastische Traditionen zurück. Der Grundgedanke ist die gleichmäßige Strukturierung eines Tages durch Gebet und Arbeit: *ora et labora*. So gibt es im monastischen Offizium neben Laudes und Vesper, die wir auch die „großen Horen" nennen (lat. *hora* = die Stunde), die so genannten kleinen Horen. In der Antike begann man den Tag mit dem Sonnenaufgang (= 6 Uhr) zu zählen: die Terz um 9 Uhr, die Sext um 12 Uhr und die Non um 15 Uhr. Zusammen mit der Prim als erster Gebetszeit und der Komplet zum Abschluss des Tages finden wir also im monastischen Offizium sieben Gebetszeiten. Hinzu kommen dann noch Gebete während der Nacht, so genannte Nachwachen, *Vigilien*.

Es würde nun zu weit führen, die genauere Entwicklung dieser verschiedenen Gebetszeiten in ihrer Struktur im Einzelnen historisch zu beleuchten. Schematisch lässt sich jedoch festhalten:

Ursprung und verschiedene Modelle der Tagzeitenliturgie:

Monastische Form	Kathedral-Form
„Betet ohne Unterlass" 1 Thess 5,17	Heiligung bestimmter Zeiten des Tages
Kleine Horen	Große Horen
Fortlaufende Strukturierung des Tages: Terz, Sext, Non	Hervorhebung der „Angelpunkte" des Tages: Morgen und Abend (AES, Nr. 37)
ursprünglich privates Gebet (AES, Nr. 74)	AES, Nr. 279: „ureigenes Gebet" der gesamten Kirche
Gedächtnis bestimmter Ereignisse in der Leidensgeschichte des Herrn	Laudes: Gedächtnis der Auferstehung Vesper: Gedächtnis der Erlösung

Zentral für beide Typen der Tagzeitenliturgie war neben den Lesungen aus der Heiligen Schrift das Psalmengebet. Neben der Auswahl ganz bestimmter Psalmen unter thematischen Gesichtspunkten (etwa die inhaltliche Konzentration auf den Morgen oder den Abend), kam etwa ab dem 4. Jahrhundert das fortlaufende Gebet der gesamten 150 Psalmen in einem bestimmten Zeitraum (einem Tag, einer Woche) in Übung. Dabei kam es in der Liturgiegeschichte immer wieder zu der Gefahr, das Offizium als ein reines Pflichtpensum zu absolvieren: um so möglichst viele Psalmen in möglichst kurzer Zeit zu beten. Gebetszeiten wurden zusammengelegt, es wurde teilweise vor- oder nachgebetet. So wird etwa Kardinal Richelieu (1585–1642), dem Staatsrat König Ludwigs XIV. von Frankreich, nachgesagt, er habe jeweils in einer halben Stunde vor Mitternacht das Offizium des vergangenen Tages nachgeholt, und dann ab Mitternacht das Offizium des kommenden Tages vorgebetet, um anschließend für knappe zwei Tage von der lästigen Pflicht zum Stundengebet befreit zu sein. Mag es sich hierbei auch um ein extremes Einzelbeispiel handeln, fest steht, dass der zeitliche Ansatz der einzelnen Gebetszeiten, die ja eigentlich den Tag sinnvoll strukturieren sollten, vielfach nicht mehr wahrgenommen wurde.

Doch die Feierformen veränderten sich im Laufe der Jahrhunderte sowohl aus theologischen wie auch aus ganz praktischen Gründen:

Wenn wir etwa heute davon sprechen, dass Priester ihr Stundengebet in der Form des Breviers beten, so macht der Name „Brevier" schon deutlich, dass es sich eigentlich um eine Kurzform handelt (lat. brevis = kurz). Es war für Weltkleriker, die ja nicht der Gemeinschaft eines Ordens angehören, aus praktischen Gründen nicht möglich, das genaue zeitliche Raster des monastischen Offiziums zu erfüllen.

Und zumindest im lateinischen Westen hat sich das Kathedraloffizium als Gemeindeliturgie nicht durchgehalten (im Gegensatz zu den orthodoxen Traditionen, wo dies bis heute auch in einfachen Gemeinden als Morgen- und Abendlob üblich ist).

Das II. Vatikanische Konzil widmet sich in der Liturgiekonstitution auch der liturgischen Erneuerung der Feier der Tagzeiten. Dabei sind es vor allem zwei Aspekte, die durch die Konzilsväter hervorgehoben werden:

SC, Art. 88

Da die Heiligung des Tages Ziel des Stundengebetes ist, soll die überlieferte Folge der Gebetsstunden so neu geordnet werden, dass die Horen soweit wie möglich ihren zeitgerechten Ansatz wiedererhalten.

Eines der Hauptanliegen der Erneuerung ist die so genannte *„veritas horarum"*. Gerade weil sich die Texte der Hymnen, und die Auswahl der Psalmen und Cantica von ihren Inhalten her deutlich auf die jeweilige Tageszeit beziehen, wäre es völlig sinnwidrig, etwa eine Vesper am frühen Nachmittag zu beten.

SC, Art. 84

Das Stundengebet ist nach alter christlicher Überlieferung so aufgebaut, dass der gesamte Ablauf des Tages und der Nacht durch Gotteslob geweiht wird. Wenn nun die Priester und andere kraft kirchlicher Ordnung Beauftragte oder die Christgläubigen, die zusammen mit dem Priester in einer approbierten Form beten, diesen wunderbaren Lobgesang recht vollziehen, dann ist dies wahrhaft die Stimme der Braut, die zum Bräutigam spricht, ja es ist das Gebet, das Christus vereint mit seinem Leibe an seinen Vater richtet.

Das Stundengebet ist zudem Liturgie der Kirche, in der die Getauften das Priestertum Christi vollziehen, es ist Feier des Paschamysteriums, ist Dialog zwischen Gott und Mensch, der den Menschen in seinem Innersten erfassen soll: „Beim würdigen, aufmerksamen und frommen Vollzug dieses Gebetes muss das Herz mit der Stimme zusammenklingen. Dann erst kann das Gebet von den Teilnehmern persönlich vollzogen werden, kann es Quelle der Frömmigkeit und der vielfältigen Gnade Gottes, Nährboden des persönlichen Betens und des apostolischen Wirkens sein." (AES, Nr. 19). Dass die Feier der Tagzeiten nicht nur den Klerikern vorbehalten bleibt, sondern allen Getauften anempfohlen wird, macht die Liturgiekonstitution deutlich, wenn es dort heißt:

AC, Art. 100

Auch den Laien wird empfohlen, das Stundengebet zu verrichten, sei es mit den Priestern, sei es unter sich oder auch jeder einzelne allein.

Die nachkonziliare Reform der Tagzeitenliturgie erhält ihren vorläufigen Abschluss durch die Approbation des neuen Stundenbuchs durch Papst Paul VI. im Jahr 1970. Es erscheint 1971, trägt den schlichten Titel: *„Liturgia horarum"* – Stundenliturgie und umfasst in der lateinischen *Editio typica* insgesamt vier Bände. Ähnlich wie die Allgemeine Einführung in das Messbuch (AEM) ist dem eigentlichen liturgischen Buch eine „Allgemeine Einführung in das Stundengebet" (AES) vorangestellt.

Seit dem Jahr 1978 liegt auch die deutsche Übertragung vor unter dem Titel: Stundenbuch. Sie umfasst drei Bände: Advent und Weihnachten (blau), Fasten- und Osterzeit (rot), Zeit im Jahreskreis (grün), sowie entsprechende Lektionare für die Feier der Lesehore. Ein so genanntes „Kleines Stundenbuch", bestehend aus vier Bänden, richtet sich von der Zielgruppe her besonders an Laien, die gemäß dem Wunsch des Konzils an der Tagzeitenliturgie teilnehmen möchten, und es enthält für den jeweiligen Tag die Laudes, die Vesper und die Komplet. Die Tagzeitenliturgie besteht dabei heute, der nachkonziliaren Erneuerung gemäß, aus folgenden Gebetszeiten:

Die Ordnung des Stundengebets nach dem II. Vatikanischen Konzil:

Gebetszeit	Inhalt
Invitatorium/ Eröffnung	Psalmgebet vor der ersten Hore des Tages, also vor Laudes oder Lesehore, das den Tag eröffnet
Matutin/Lesehore	Kann zu jeder Tageszeit gebetet werden
Laudes	Morgenlob
Terz, Sext, Non	Die kleinen Horen, zur jeweiligen Stunde, also: um 9, 12 oder 15 Uhr
Vesper	Abendlob
Komplet	Nachtgebet am Ende des Tages

2.3 Morgen- und Abendlob als Grundformen gemeindlicher Liturgie

Wenden wir uns im Folgenden noch einmal genauer dem Morgen- und Abendlob zu. Schon in der Liturgiekonstitution werden diese beiden Gebetszeiten besonders hervorgehoben, wenn es heißt:

> **SC, Art. 89a**
>
> Die Laudes als Morgengebet und die Vesper als Abendgebet, nach der ehrwürdigen Überlieferung der Gesamtkirche die beiden Angelpunkte des täglichen Stundengebetes, sollen als die vornehmsten Gebetsstunden angesehen und als solche gefeiert werden.

Diese Angelpunkte der Tagzeitenliturgie, von denen das Konzil spricht, sind dabei ähnlich aufgebaut und enthalten die folgende Struktur:

Laudes (Morgenlob)	Vesper (Abendlob)
Eröffnung	Eröffnung
Morgen-Hymnus	Abend-Hymnus
Psalmodie: Morgenpsalmen 1. Psalm, atl. Canticum, 2. Psalm	Psalmodie: Abendpsalmen 1. Psalm, 2. Psalm, ntl. Canticum
Schriftlesung	Schriftlesung
Antwortgesang (Responsorium)	Antwortgesang (Responsorium)
Benediktus	Magnifikat
Bitten (Preces)	Fürbitten
Vater unser	Vater unser
Gebet/Oration	Gebet/Oration
Segen	Segen
Entlassruf	Entlassruf

Neben den jeweiligen Hymnen zu Beginn, die thematische Akzente setzen und die Zeiten, zu denen das Gebet stattfindet, markieren, sind vor allem die beiden großen neutestamentlichen Hochgesänge zu erwähnen: das Benediktus in der Laudes und das Magnifikat in der Vesper. Beide stellen jeweils für sich das Evangelium der jeweiligen Gebetszeit dar.

 Wie kann es aber gelingen, das Morgen- und Abendlob als Liturgie der Gemeinde wieder zu entdecken?

Es gehört zu den gelungenen Impulsen der Liturgiereform des II. Vatikanischen Konzils, dass in vielen Gemeinden ein Verständnis dafür geweckt werden konnte, dass es sich bei der Tagzeitenliturgie nicht etwa um ein Kleriker-Gebet handelt, sondern um eine Liturgie der gesamten Gemeinde. So hatte auch das Konzil schon festgestellt:

> **SC, Art. 100**
>
> Auch den Laien wird empfohlen, das Stundengebet zu verrichten, sei es mit den Priestern, sei es unter sich oder auch jeder einzelne allein.

Diese liturgischen Feierformen bieten einen reichen Schatz der liturgischen Tradition, den es wieder zu entdecken gilt. Gerade in Zeiten, da vielfältige liturgische Feierformen – man denke an die Andachten, den Rosenkranz – in Vergessenheit zu geraten drohen, oder in der, auch bedingt durch den Mangel an Priestern, die Eucharistie in der Gefahr steht, zur einzigen liturgischen Feierform in manchen Gemeinden zu werden, kann eine Wiederentdeckung dieser Feierformen der Tagzeitenliturgie neue liturgische und geistliche Impulse geben.

So findet sich bereits im Gotteslob eine Grundform der (sonntäglichen) Laudes und Vesper sowie der Komplet, dem Nachtgebet der Kirche (GL 674 ff.). Ergänzt wird das musikalische Angebot um Vespern in den geprägten Zeiten von Advent, Weihnachten, österlicher Bußzeit und Ostern, Pfingsten, sowie zu besonderen Anlässen, wie Marien- und Heiligenfesten und etwa der Kirchweihe. Bedauerlich ist, dass nicht der gesamte Psalter, also alle 150 Psalmen, Eingang in das katholische Gebet- und Gesangbuch gefunden haben, ist der Psalter doch das älteste Gesangbuch der Christenheit. Dennoch lässt sich bereits mit den vorhandenen Teilen zur Auswahl eine für die Feier in und mit der Gemeinde geeignete Tagzeitenliturgie gestalten.

Weitere Modelle zur Feier der Tagzeitenliturgie finden sich in den Bänden „Morgenlob – Abendlob. Mit der Gemeinde feiern", die von Paul Ringseisen herausgegeben sind. Bislang sind drei Bände erschienen: Ein Band für die Fasten- und Osterzeit, ein weiterer Band für die Advents- und Weihnachtszeit, sowie ein dritter Band zu Festen und Anlässen im Kirchenjahr. Dabei finden sich in den Bänden von Ringseisen jeweils zwei Modelle für das Morgenlob und zwei Modelle für das Abendlob in der jeweiligen geprägten Zeit. Diese Modelle, die immer unter einem thematischen Geleitwort stehen, sind ergänzt durch einen Teil, der mit „Instrumentarium" betitelt ist, und der Gesänge und Texte zur Auswahl enthält: Hier finden sich eine Fülle von bislang unbekannten Gesängen, und vor allem die Hymnen (teilweise übernommen aus dem Bereich der anglikanischen Kirche). Die Psalmen zeichnen sich durch eine hohe Innovationskraft aus und sind trotzdem von der Einrichtung her praktikabel.

Im Jahr 1998 ist unter dem Titel „Katholisches Gesangbuch. Gesang und Gebetbuch der deutschsprachigen Schweiz" das neue Schweizerische Gesangbuch erschienen. Darin findet sich unter der Nummer 258 eine offizielle Einführung in das Stundengebet. Anschließend wird unter Nummer 259 der Aufbau von Laudes und Vesper referiert. Besonders hervorzuheben ist, dass unter Nummer 276 eine eigene Vesper mit Lichtfeier vorgesehen ist, die auch ein mit Akklamationen durchsetztes anamnetisch-epikletisches Gebet für das Licht enthält. Eine große Auswahl an Morgenliedern und Abendliedern, eine ebenso große Auswahl an Psalmen sowie die Sonntagskomplet schließen den Teil der Tagzeitenliturgie im Schweizer Gesangbuch ab.

Um auch einen Blick in die Ökumene zu tun, sei hier noch auf das neue Evangelische Gesangbuch (1995) verwiesen. Darin finden sich ab der Nummer 437 eine Fülle von Morgenliedern und ab 467 ebenfalls eine Fülle von Abendliedern. Dazwischen eingeordnet ist ab Nummer 457 unter der Überschrift „Mittag, tägliches Brot" (im Rückgriff auf das Schriftzitat Mt 6,11: „Gib uns heute das Brot, das wir brauchen!") eine Reihe von Mittagsgesängen. Gerade das Mittagsgebet, als ein Ruhepunkt in der Unrast des Tages, als ein Ort der Neuorientierung, der Neuausrichtung auf Christus hin, ist eine im Bereich der evangelisch lutherischen Kirche weit verbreitete Andachtsform; sie steht unter dem Mottospruch zu Beginn: „Richte uns aus, Herr unser Gott!". Des Weiteren findet sich die Tagzeitenliturgie im evangelischen Gesangbuch vor allem unter der Überschrift „Andachten" in der Rubrik „Kleinere Gottesdienstformen". Ab der Nummer 718 des evangelischen Gesangbuches findet sich die Grundform für gemeinsame Andachten, gefolgt von 719 der evangelischen Morgenandacht, 720 dem Modell eines Friedensgebetes, das auch als Mittagsgebet geeignet ist und 721 einer Abendandacht. Es erweist sich durchaus als lohnend, auch in diesen Andachtsteil des Evangelischen Gesangbuches einen Blick zu werfen, da sich darin eine Fülle von Hymnen und vor allem auch von Gebetstexten erhalten hat, die auch für unsere römisch-katholische Tradition eine echte Bereicherung darstellen würden.

Schließlich sei an dieser Stelle noch das Augenmerk gelenkt auf das neue benediktinische Antiphonale. Seit 1996 sind in Münsterschwarzach die Bände für Vigil/Laudes, die Mittagshore und Vesper/ Komplet erschienen. Im Gegensatz zu den Psalmen, die wir im Gotteslob finden, bietet dieses Antiphonale den Vorteil, sich bei der Psalmübersetzung nicht auf die Einheitsübersetzung zu beziehen, sondern eine eigene, besser singbare, neu erstellte Übersetzung der Psalmen zugrunde zu legen, die eben speziell für das benediktinische Antiphonale angefertigt wurde. Die neue Übersetzung der Psalmen lässt dabei an mancher Stelle aufhorchen, weil sie ungewohnt, manchmal sogar sperrig, aber gerade dadurch auch von hohem geistlichem Gewinn ist. Die Übersetzung (ohne Noten) ist mittlerweile auch als reine Textausgabe im Vier Türme-Verlag in Münsterschwarzach erschienen. Als bedeutsame Neuerung hat das Antiphonale neben den beiden Hochgesängen des Benediktus (für die Laudes) und des Magnifikat (für die Vesper) noch weitere neutestamentliche Gesänge (Cantica) für Morgen- und Abendgebet vorgesehen, die ebenfalls als eine echte Bereicherung angesehen werden können.

2.4 Gestaltungsvorschläge für rituelle Elemente zur Feier des Abendlobs

Neben den hier vorgestellten Modellbüchern für die Feier der Tagzeitenliturgie in den Gemeinden bietet sich es bei der Feier der Tagzeiten als gemeindliche Liturgie an, diese auch rituell, also auf der Ebene der liturgischen Zeichen entsprechend auszugestalten. Hierfür bieten sich für die Feier des Abendlobes (Vesper) die folgenden Elemente an:

Vesper (Abendlob)	
Eröffnung:	Lucernar / Lichtfeier: Entzünden des Lichtes an der Osterkerze, Hochgebet zur Lichtdanksagung, Lichthymnus
Psalmodie:	Weihrauchpsalm: „Wie Weihrauch steige mein Gebet ..." Psalm 141 (+ Weihrauchspende)
Magnifikat	Halleluja-Prozession: Magnifikat ist das Evangelium der Vesper
Fürbitten	Fürbitten-Litanei oder Weihrauchspende zu den einzelnen Bitten

Das Lucernar / die Lichtfeier

Die Lichtfeier, das Lucernar, bezeichnet das festliche Entzünden der Lichter am Abend. Bereits im Neuen Testament (vgl. etwa Apg 20,8) lesen wir von einer solchen Begrüßung des Lichtes am Abend, welches mit dem auferstandenen Christus, dem Licht der Welt, identifiziert wurde. Bekannt ist uns diese Begrüßung des Lichtes von der Liturgie der Osternacht: Lumen Christi – Deo gratias!, so singen wir im Angesicht der Osterkerze, die das Dunkel der Nacht erhellt und zum Zeichen der Auferstehungshoffnung wird.

Es bietet sich an, auch die sonntägliche Vesper mit dem festlichen Entzünden der Lichter zu beginnen. Nach einem Lichtruf des Vorstehers der Liturgie, etwa mit den Worten: „Im Namen unseres Herrn, Jesus Christus, Licht und Frieden!", antwortet die Gemeinde: „Dank sei Gott!" Die Lichter werden an der Osterkerze entzündet, ein Lichthymnus, etwa aus dem Gotteslob Nr. 557: „Du höchstes Licht, du ewger Schein", wird gesungen. Ein Hochgebet zur Lichtdanksagung, vom Vorsteher der Feier vorgetragen, fasst den Dank für Christus, das Licht der Welt nochmals in festlicher Sprache zusammen. Solche Gebete zur Lichtdanksagung finden wir schon zur Zeit der frühen Kirche, etwa in der *Traditio Apostolica*. An das Gebet aus dieser frühchristlichen Gemeindeordnung lehnt sich der nachfolgende Text an:

Gebet zur Lichtdanksagung

Vom Aufgang der Sonne bis zu ihrem Untergang sei dein Name gepriesen, Ewiger, Schöpfer der Welt, Quelle allen Lebens. Du bist das Licht, und auch die Finsternis ist für dich nicht finster. Im Anfang hast du alles ins Dasein gerufen: Himmel und Erde – Sonne, Mond und Sterne. Durch dein Wort lässt du das Licht von der Finsternis weichen und die Finsternis vor dem Licht. Mit deiner Sonne erhellst du unsere Tage und, der Feuersäule gleich, leuchtest du uns in der Nacht.
Du aber – du wohnst in unzugänglichem Licht. Dunkel erscheinst du uns, denn unsere Augen sind nicht geschaffen, deinen blendenden Glanz zu ertragen. Kein Mensch hat dich je gesehen.
Wir danken dir, dass du aus deiner Verborgenheit herausgetreten bist. Deine Herrlichkeit und deine Menschenfreundlichkeit sind uns aufgeleuchtet auf dem Gesicht eines Menschen: Jesus von Nazaret, Licht vom Licht, Licht, das die Nacht erleuchtet, indem es selbst verbrennt, Licht und Leben für die ganze Welt.
Wir bitten dich, Vater, nimm an dieses Licht, das wir am Abend mit Freude und Dank entzündet haben und in dem wir wie in einem Spiegel dein Licht schauen.
Gib, dass wir ihn, Jesus Christus, vor Augen haben – ob wir nun wachen oder schlafen.
Lass uns von ihm Licht empfangen: die Kraft zur Hingabe – die Hoffnung auf Leben.
Lass uns dieses Licht weitergeben und so mit brennenden Lampen den Morgen des Tages erwarten, dem kein Abend mehr folgt. Dann dürfen wir dich in unverhülltem Glanz schauen von Angesicht zu Angesicht und dich loben, den Vater, durch den Sohn im Heiligen Geist von Ewigkeit zu Ewigkeit. Amen

Ein Modell für die Feier einer Lichtdanksagung zu Beginn der Tagzeitenliturgie findet sich auch in dem Band „Wort-Gottes-Feier", auf den wir in Band 5 des Grundkurses schon ausführlich eingegangen sind (GKL 5/S. 126 ff). Dort finden sich ab Seite 190 verschiedene Lichthymnen und eine Auswahl an Gebeten zur Lichtdanksagung (auch für das Morgenlob: Christus, das Licht der aufgehenden Sonne!).

Die Weihrauchspende

Der Weihrauch ist ein besonders sinnenfälliges Zeichen in der Liturgie. Er ist zudem – vielleicht außer dem wohlriechenden Chrisam-Öl bei der Taufe – das einzige liturgische Zeichen, das den Geruchssinn des Menschen anspricht. Der Weihrauch ist Sinnbild für den Wohlgeruch Gottes, aber auch für das zu Gott aufsteigende Gebet. So findet sich in Psalm 141 die Deutung, die auch für die liturgische Verwendung des Weihrauchs am eindrücklichsten ist:

> **Psalm 141,1.2**
>
> Herr, ich rufe zu dir. Eile mir zu Hilfe; / höre auf meine Stimme, wenn ich zu dir rufe.
> Wie ein Weihrauch steige mein Gebet vor dir auf; / als Abendopfer gelte vor dir, wenn ich meine Hände erhebe.

In der Tagzeitenliturgie kann der Weihrauch an verschiedenen Stellen verwendet werden. So inzensiert der Vorsteher zum Hochgesang des Benediktus und des Magnifikat den Altar mit Weihrauch, um so zu verdeutlichen, dass es sich bei diesen Gesängen um das Evangelium der Feier handelt (auch das Evangeliar wird ja in der Eucharistiefeier vor der festlichen Verkündigung der frohen Botschaft feierlich inzensiert).

Psalm 141 ist zudem einer der Psalmen, die schon von früher Zeit an in der Liturgie des Abendlobs, der Vesper, in der Lichtfeier gesungen wurde und auch heute noch wird. Auch wenn dieser Psalm nicht im Gotteslob steht, so kann er doch zumindest responsorial gesungen werden, wenn etwa der Kantor/die Kantorin die nachfolgende Antiphon vorsingt, die dann von der Gemeinde wiederholt wird. Anschließend kann der Psalm dann solistisch vorgetragen werden, wobei die Gemeinde den Kehrvers wiederholt:

Weihrauchpsalm

1. Ant.

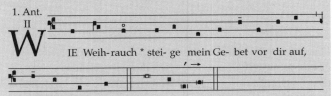

WIE Weih-rauch * stei- ge mein Ge- bet vor dir auf,

Herr, du mein Gott.

1 Herr, ich rufe zu dir. Eile mir zu Hilfe;
 höre auf meine Stimme, wenn ich zu dir rufe.
2 Wie ein Rauchopfer steige mein Gebet vor dir auf;
 als Abendopfer gelte vor dir, wenn ich meine
  Hände erhebe.
3 Herr, stell eine Wache vor meinen Mund,
 eine Wehr vor das Tor meiner Lippen!
4 Gib, dass mein Herz sich bösen Worten nicht
  zuneigt,
 dass ich nichts tue, was schändlich ist, zusammen
  mit Menschen, die Unrecht tun.
 Von ihren Leckerbissen will ich nicht kosten.
5 Der Gerechte mag mich schlagen aus Güte:
 Wenn er mich bessert, ist es Salböl für mein Haupt;
 da wird sich mein Haupt nicht sträuben.
 Ist er in Not, will ich stets für ihn beten.
6 Haben ihre Richter sich auch die Felsen hinab-
  gestürzt,
 sie sollen hören, dass mein Wort für sie freundlich
  ist.
7 Wie wenn man Furchen zieht und das Erdreich
  aufreißt,
 so sind unsre Glieder hingestreut an den Rand der
  Unterwelt.
8 Mein Herr und Gott, meine Augen richten sich
  auf dich;
 bei dir berge ich mich. Gieß mein Leben nicht aus!
9 Vor der Schlinge, die sie mir legten, bewahre mich,
 vor den Fallen derer, die Unrecht tun!

> 10 Die Frevler sollen sich in ihren eigenen Netzen fangen,
> während ich heil entkomme.

Dass der aufsteigende Weihrauch ein Zeichen ist für unsere zu Gott aufsteigenden Gebete, wird besonders deutlich, wenn der Psalm von der Zeichenhandlung einer Weihrauchspende begleitet wird: Kohlen werden in einer offenen Schale entzündet. Zum Gesang des Weihrauchpsalmes, oder zu Beginn des Magnifikat legt nun der Vorsteher Weihrauchkörner auf die glühenden Kohlen.

Auch ist es möglich, den Kehrvers zum Weihrauchpsalm als Fürbittruf zu verwenden: Nach den einzelnen Bitten sind Gemeindemitglieder, welche diese Bitten vorgetragen haben, eingeladen, Weihrauchkörner aufzulegen, während die versammelte Gemeinde im Fürbittruf singt: „Wie Weihrauch steige mein Gebet zu dir auf, Herr, du mein Gott!" Ein solches Modell einer Weihrauchspende findet sich sowohl in den bereits erwähnten Bänden „Morgenlob – Abendlob" von Paul Ringseisen als auch im Band „Wort-Gottes-Feier" (S. 196 ff.).

3 „Ich traue mich dir an um den Brautpreis meiner Treue":
Das Sakrament der Ehe als Zeichen der zärtlichen Nähe Gottes

3.1 Neue Akzente für die liturgische Feier der Eheschließung nach dem Zweiten Vatikanischen Konzil

Zwei kurze, aber dennoch aussagekräftige Artikel widmet die Liturgiekonstitution dem Ehesakrament:

 SC Nr. 77 und 78

> 77. Der Eheritus des Römischen Rituale soll überarbeitet und bereichert werden, so dass er deutlicher die Gnade des Sakramentes bezeichnet und die Aufgaben der Eheleute eindringlich betont.
> (...)
> 78. Die Trauung möge in der Regel innerhalb der Messe, nach der Lesung des Evangeliums und nach der Homilie und vor dem „Gebet der Gläubigen" (Fürbitten) gefeiert werden. Der Brautsegen soll in geeigneter Weise überarbeitet werden, so dass er die gleiche gegenseitige Treuepflicht beider Brautleute betont ...
> Wenn aber die Trauung ohne die Messe gefeiert wird, sollen zu Beginn des Ritus Epistel und Evangelium der Brautmesse vorgetragen werden; den Brautleuten soll immer der Segen erteilt werden.

Das Zweite Vatikanum hat hinsichtlich des Eheritus einen Reformbedarf festgestellt. Im Einzelnen wurde *erstens* die Feiergestalt des Ehesakramentes, insofern sie in liturgischen Feierbüchern festgeschrieben ist, als defizitär beurteilt: Der Sinngehalt/die Sinngestalt des Sakramentes scheinen dem Konzil bislang nicht hinreichend klar zum Ausdruck gebracht worden zu sein (zu den Ausdrücken „Sinngehalt/ -gestalt" und „Feiergestalt" vgl. GKL 1/S. 102–104). *Zweitens* werden – in Art. 78 – einzelne Maßnahmen auf die Agenda gesetzt, die offensichtlich in den Kontext der Veränderungen an der Feiergestalt gehören: die Überarbeitung des so genannten Brautsegens; die Einbindung der Trauung in eine Messfeier; und die Gestalt der Feier ohne Messe. Und schließlich hat das Konzil *drittens* die Verbindung dessen, was in der Liturgie gefeiert wird, mit dem Leben der Feiernden im Blick, wenn es dazu auffordert, die Aufgaben der Eheleute deutlicher herauszustellen.

Damit sind die wichtigsten Aspekte der jüngeren Diskussion um das Ehesakrament angedeutet:

- **Nach dem Zweiten Vatikanum wurden die Feiern der Sakramente im Allgemeinen so umgeformt, dass zum einen ein großes lobpreisendes Gebet mit entsprechenden leiblich-zeichenhaften Elementen (das so genannte Hochgebet) die Kernhandlung bildet. Zum anderen wurde die Feiergestalt in den meisten Fällen daraufhin durchsichtig gemacht, dass die ganze versammelte Kirche im Zusammenspiel mit einem geweihten Vorsteher Trägerin der Feier bzw. speziell des Hochgebetes ist. Bezüglich der Trauungsliturgie hingegen besteht bis heute ein innertheologischer Disput darüber, ob die Form der liturgischen Feier für das Zustandekommen des Sakramentes wesentlich ist oder nicht. Diese Diskussion wurzelt in einer bedeutenden Traditionslinie, gemäß der für das Zustandekommen des Ehesakraments alleine der Konsens zwischen den Eheleuten entscheidend ist. – Zusätzlich sensibilisiert durch die evangelisch-katholische Diskussion ließe sich noch zugespitzter fragen, inwiefern die liturgische Trauung überhaupt als Sakramentenfeier verstanden werden kann, oder ob nicht vielmehr die gottesdienstliche Handlung „nur" für einen vertraglich bereits geschlossenen Ehebund den Segen Gottes erbittet.**
- **Die Ehe als Lebensform prinzipiell und erst recht, insofern sie durch ein Sakrament begründet wird, steht heute in einer tiefen Krise. Das zeigt sich z. B. an der**

> abnehmenden Verheirateten- und der steigenden Scheidungsquote, an der sinkenden Zahl kirchlicher Eheschließungen und der wachsenden Vielfalt familialer und nicht-familialer Lebensformen in unserer Gesellschaft. Hier sieht sich die Pastoral einem Bündel von Problemen gegenüber, die auch das Zusammenspiel von liturgischer Feier der Trauung und deren Vor- und Nachbereitung auf der einen und dem gesamten Leben der Eheleute und der Gemeinden auf der anderen Seite berühren.

Die damit angesprochenen Probleme können aber im Rahmen eines mystagogisch angelegten Grundkurses Liturgie (vgl. GKL 1/S. 7–10) nur sehr eingeschränkt zum Thema werden, und dies auch nur dann, wenn wir zuvor dargestellt haben, wie in der katholischen Kirche heute die Eheschließung liturgisch gefeiert wird:

Wie sieht denn der Ritus der Trauung heute im Einzelnen aus?

3.2 Die *Benedictio nuptialis* als Kernhandlung der Trauungsliturgie

Die bisherigen Grundkursbände haben an verschiedenen Beispielen gezeigt, was die wesentlichen Elemente einer Sakramentenfeier sind (vgl. z. B. in GKL 3 die entsprechenden Ausführungen zur Eucharistie oder in GKL 5 die Überlegungen zur Weihe des Bischofs): Ein großes, doxologisches Gebet (das so genannte Hochgebet) deutet eine konkrete Lebenssituation aus dem biblisch begründeten Glauben heraus als Erfahrung göttlichen Heilshandelns. Dies geschieht dadurch, dass die konkrete Lebenssituation zu biblisch erzählten Heilsereignissen in Beziehung gesetzt wird. Diese chronologisch vergangenen Heilsereignisse werden für die feiernde Gemeinde durch das preisend-bittende (mit den Fachbegriffen: anamnetisch-epikletische) Beten zu gegenwärtigen Ereignissen. Durch die Worte des Gebets und damit gekoppelte non-verbale Zeichenhandlungen wird zudem die verheißene

Vollendung der Welt, die chronologisch in der Zukunft liegt, symbolisch vorweg genommen.

Dieses liturgische Handlungsgefüge ist nicht Sache eines einzelnen Akteurs, etwa des Amtsträgers, der das Gebet spricht, sondern wird von der ganzen versammelten Gemeinde getragen. Bezüglich des Hochgebetes als Kernhandlung einer sakramentlichen Feier kommt das vor allem in Akklamationen der Gemeinde, speziell dem bestätigenden „Amen" am Schluss, zum Ausdruck. Durch diese Akklamationen stimmt die Gemeinde in das vollmächtig vorgetragene Gebet ein und bejaht dessen Inhalt als Grundlage des Glaubens (vgl. zur Funktion des Amen GKL 1/S. 75–82).

Nach dem Konzil ist die Trauungsliturgie gemäß diesen allgemeinen Rahmenbedingungen für sakramentale Vollzüge neu geordnet worden. Der oben zitierte Artikel 78 der Liturgiekonstitution wird im universalkirchlichen wie im deutschsprachigen Rituale (auf Letzteres wollen wir uns im Folgenden weitgehend beschränken)[1] v. a. dergestalt umgesetzt, dass die *Benedictio nuptialis* – die „Segnung der Ehe" –, also das entsprechende Hochgebet, zum unverzichtbaren Element der Trauungsliturgie wird. Das Gebet hat im deutschen Rituale sowohl in Trauungen, die in eine Messfeier integriert sind, als auch in Trauungen ohne Messfeier unmittelbar nach der Erklärung des Konsenses durch die Brautleute und die Bestätigung durch den Amtsträger seinen Ort (vgl. F. Trauung, Die Feier der Trauung in der Messe, Nr. 18–34):

F. Trauung, Vermählung (SS. 40–44)

A: VERMÄHLUNGSSPRUCH

...

20. *Der Zelebrant fordert die Brautleute auf, ihren Ehewillen zu erklären.*

Zelebrant:
So schließen Sie jetzt vor Gott und vor der Kirche den Bund der Ehe, indem Sie das Vermählungswort sprechen. Dann stecken Sie einander den Ring der Treue an.

---

[1] Wir legen die Auflage von 1990 zugrunde und kürzen ab mit „F. Trauung".

21. *Die Brautleute wenden sich einander zu. Der Bräutigam nimmt den Ring der Braut und spricht:*

Bräutigam:
N.,
vor Gottes Angesicht nehme ich dich an als meine Frau.
Ich verspreche dir die Treue
in guten und bösen Tagen,
in Gesundheit und Krankheit,
bis der Tod uns scheidet.
Ich will dich lieben, achten und ehren
alle Tage meines Lebens.

22. *Der Bräutigam steckt der Braut den Ring an und spricht:*

Bräutigam:
Trag diesen Ring als Zeichen unsrer Liebe und Treue:
Im Namen des Vaters und des Sohnes
und des Heiligen Geistes.
...
[Es folgt der entsprechende Vermählungsspruch durch die Braut.]

BESTÄTIGUNG DER VERMÄHLUNG

32. *Der Zelebrant wendet sich an die Brautleute und spricht zu ihnen:*

Zelebrant:
Reichen Sie nun einander die rechte Hand.
Gott, der Herr, hat Sie als Mann und Frau verbunden. Er ist treu. Er wird zu Ihnen stehen und das Gute, das er begonnen hat, vollenden.

33. *Der Zelebrant legt die Stola um die ineinander gelegten Hände der Brautleute. Er legt seine rechte Hand darauf und spricht:*

Zelebrant:
Im Namen Gottes und seiner Kirche bestätige ich den Ehebund, den Sie geschlossen haben.

> 34. *Der Zelebrant wendet sich an die Trauzeugen und an die übrigen Versammelten und spricht:*
>
> *Zelebrant*:
> Sie aber (N. und N. [*die Trauzeugen*])
> Und alle, die zugegen sind,
> nehme ich zu Zeugen dieses heiligen Bundes.
> „Was Gott verbunden hat,
> das darf der Mensch nicht trennen." ...
>
> FEIERLICHER TRAUUNGSSEGEN
> ...

Das Große Segensgebet ist somit in F. Trauung stets dem Kerngeschehen der Trauungsliturgie zugeordnet. Das entspricht der Situation in anderen Sakramentenfeiern.

 Worum geht es denn im Trauungssegen inhaltlich?

Das „ehrwürdige Gebet, in dem der Segen Gottes über Braut und Bräutigam herab gerufen wird" (Ordo Celebrandi Matrimonium (1990), Praenotanda Nr. 35, dt. Übersetzung: F. Trauung, S. 17) steht mit seinen Inhalten in einer alten Tradition von Trauungshochgebeten. Um das exemplarisch aufzuzeigen und die Struktur des Segens herauszuarbeiten, ist zum einen der Text des Trauungssegens in der Form IV des heutigen Rituale abgedruckt. Während die anderen Textvarianten nach dem Konzil neu in das Liturgiebuch aufgenommen wurden, ist dieser Text eine inhaltliche Überarbeitung des bisherigen Segensgebetes „Deus, qui potestate". (In der neuesten Auflage des Rituale werden darüber hinaus drei weitere Formen als Alternativen angeboten; vgl. F. Trauung, SS. 67–73.116–126.) Zum anderen wird dieser aktuelle Gebetstext mit der *Benedictio nuptialis* in der spanischen Tradition zusammen dargestellt, die für den Trauungsritus der lateinischen Kirche im ersten Jahrtausend in vielen Hinsichten als exemplarisch gelten kann (vgl. Jilek, Segensgebet, 27–33, wo sich auch die hier übernommene deutsche Übersetzung findet; die Gebetseinladung ist vom Verfasser übersetzt):

Struktur-element	Benedictio nuptialis der spanischen Tradition	Feierlicher Trauungs-segen gemäß F. Trauung, Form IV
Gebets-einladung	Lasst uns beten, innig geliebte Brüder, zu Gott, der gepriesen sei dafür, dass er die Gabe seines Segens reichlich ausspendet, um den Nachwuchs des Menschengeschlechts zu vervielfältigen, dass er diese Dienerin und diesen Diener, die er selbst für den Ehebund auserwählt hat, auch selbst behüten möge. Er gebe ihnen eine friedliche Gesinnung, gleich gestimmte Seelen, innige Verbundenheit in gegenseitig geübter Barmherzigkeit. Ebenso mögen sie mit der ersehnten Nachkommenschaft beschenkt werden; wie er ihnen seine eigene Gabe zuteilt, so folge auch sein Segen: damit diese seine Dienerin und sein Diener ihm in allem dienen mit der Demut des Herzens, und damit sie nicht zweifeln, von wem sie geschaffen sind. – Amen.	*Der Zelebrant lädt alle Versammelten mit folgenden Worten zum Gebet für die Brautleute ein:* Lasst uns den Herrn anrufen, Brüder und Schwestern, dass er diesem Brautpaar, das sich in Christus im heiligen Bund vermählt, reichen Segen schenke und (in der eucharistischen Begegnung mit Christus) wahre Eintracht der Herzen. *Es folgt eine Gebetsstille. Dann breitet der Zelebrant die Hände aus und spricht:*
Anamnese I	Gott, um den Stamm des Menschengeschlechtes weiter auszubreiten, hast du ganz zu Beginn der Welt – die gewissermaßen noch am Werden war – aus dem Gebein des Mannes die Frau gebildet, um – indem du die Einheit wirklicher Liebe einpflanzt und aus einem zwei machst – zu zeigen, dass die zwei eins sind.	Allmächtiger Vater, du hast alles aus dem Nichts ins Dasein gerufen und die Welt mit Weisheit geordnet. Du hast den Menschen als dein Ebenbild erschaffen und zwischen Mann und Frau eine untrennbare Gemeinschaft gegründet.

Struktur-element	Benedictio nuptialis der spanischen Tradition	Feierlicher Trauungs-segen gemäß F. Trauung, Form IV
Anamnese II	Du hast die vorzüglichsten Grundlagen der Ehe so gelegt, dass der Mann in der Gemahlin einen Teil seines eigenen Leibes umarmt und das nicht als etwas von ihm Verschiedenes ansieht, was er als aus ihm gebildet erkennen kann.	Du willst, dass sie nicht mehr zwei sind, sondern ein Leib, um kundzutun, dass der Bund nicht gelöst werden darf, den du selber gestiftet hast.
Anamnese III		Ewiger Gott, du hast den Ehebund zu einer neuen Würde erhoben und ihn zum Abbild des Bundes gemacht zwischen Christus und seiner Kirche. Heiliger Gott, auf deinen Willen gründet die Verbindung von Mann und Frau. Auf dieser Gemeinschaft ruht dein Segen, den du trotz Schuld und Sünde der Menschen nicht widerrufen hast. *Der Zelebrant streckt seine Arme über die Brautleute aus:*
Epiklese I	Blicke gnädig vom ewigen Thron und stehe als Ver-söhnter unseren Bitten bei, auf dass du diese deine Die-ner, die wir durch das Benedeien zum Bündnis der Ehe zusammengeben, durch deine gnädige Güte benedeist, und durch deine Gnade gütig hoch aufrich-test. – Amen.	Blicke gütig auf diese Braut-leute, die ihre Ehe deinem Schutz unterstellen. Sende ihnen deinen Heiligen Geist, dass er ihre Herzen mit Liebe erfülle und sie stärke in der Treue zueinander.

Struktur-element	Benedictio nuptialis der spanischen Tradition	Feierlicher Trauungs-segen gemäß F. Trauung, Form IV

Epiklese II		Schenke der Braut
		   die Gabe der Liebe und
		   des Friedens
		und reihe sie ein
		   in die Schar der heiligen
		   Frauen,
		   deren Lob die Schriften
		   verkünden.
		
		Auf sie vertraue das Herz ihres Mannes.
		Er achte sie als seine Gemah-lin, die mit ihm erwählt ist, das Leben in deiner Herr-lichkeit zu erlangen.
		Er schenke ihr seine ganze Liebe,
		   wie Christus der Kirche
		   seine Liebe schenkt.

Epiklese III	Gib ihnen, Herr,
	   in der Furcht vor dir bei-derseits gleiche Einträch-tigkeit der Herzen
	   und in ihrer Liebe zueinan-der ähnlich guten Lebens-wandel. – Amen.
	Sie mögen einander lieben
	   und sich von dir nicht zurückziehen. – Amen.
	Die eheliche Verpflichtung mögen sie einander so erwi-dern,
	   dass sie bei dieser Gelegen-heit dich keinesfalls gering achten. – Amen.
	Nie mögen sie sich einem anderen – dich ausgenom-men – hingeben,
	   sondern dir gefallen,
	   indem sie einander die Treue bewahren. – Amen.
	Schenke ihnen, Herr,
	   irdische Güter im Über-fluss
		Für sie beide bitten wir dich, Herr:
		Lass Braut und Bräutigam reifen in ihrer Liebe und Treue.
		Hilf ihnen, deine Gebote zu erfüllen
		   und in ihrer Ehe untadelig zu leben.
		Stärke sie
		   durch die Kraft des Evan-geliums zum Zeugnis für Christus.
		
		(Den Kindern, denen sie das Leben schenken, seien sie als Eltern ein Vorbild. In Freude mögen sie die Kinder ihrer Kinder sehn.)
		
		Gewähre ihnen ein gesegne-tes Alter und nimm sie auf in die Seligkeit der Heili-gen in deinem Reiche.

Struktur-element	Benedictio nuptialis der spanischen Tradition	Feierlicher Trauungs-segen gemäß F. Trauung, Form IV
	und reiche Nachkommen-schaft. – Amen. Die Wonne deiner Bene-deiung umströme ihre Herzen und ihre Leiber in so reicher Fülle, dass alles, was aus ihrer Vereinigung hervorgeht, allen Menschen gefällt und von dir benedeit ist. – Amen. Gib ihnen, Herr, eine glück-liche lange Dauer ihres jetzigen Lebens und endlose Sehnsucht nach dem kommenden. – Amen. Mit allem Zeitlichen mögen sie so umgehen, dass sie das Ewige ehrlich zum Ziel ihrer Wünsche machen. – Amen. Die vergänglichen Güter mögen sie so lieben, dass sie die für immer blei-benden nicht verlieren. – Amen. Wahrhaftig einander liebend und aufrichtig dir dienend, mögen sie die Kinder ihrer Kinder sehen und nach einem langen Lauf dieses Lebens ins Himmelreich gelangen.	
Doxologische Schlussformel		Darum bitten wir durch Jesus Christus, dei-nen Sohn, unsern Herrn und Gott, der in der Einheit des Heili-gen Geistes mit dir lebt und herrscht in alle Ewigkeit.
Bestätigung der Gemeinde		*Alle:* Amen.

Seit alters hat das Große Segensgebet eine Gebetseinladung, die deutlich macht, dass die ganze Gottesdienstgemeinde das Gebet vollzieht, nicht alleine der Amtsträger. Dieselbe Intention ist mit der (wiederholten) bestätigenden Amen-Akklamation verbunden. Außerdem gilt schon ausweislich der Einladung das Gebet beiden Brautleuten. Vor dem Konzil hingegen wurde der Segen zwar faktisch auch über beide Brautleute gesprochen, galt aber inhaltlich beinahe ausschließlich der Braut. Damals ging es v. a. darum, die Braut an ihre Pflichten zu erinnern, und sie zu einem Lebenswandel anzuhalten, der einer christlichen Ehefrau angemessen ist:

Auszug aus der *Benedictio nuptialis*, Collectio Rituum von 1950 (Übersetzung z. T. ebd., S. 99)

Wir bitten dich nun, sieh gnädig herab auf diese deine Dienerin, die heute ihre Hand gereicht hat zum ehelichen Bunde und nun zu dir fleht, du mögest ihr deine Hilfe gewähren.
Auf ihren Schultern ruhe das Joch der Liebe und des Friedens. Treu und keusch sei sie in Christus vermählt.
Sie folge allezeit dem Vorbild der heiligen Frauen, liebenswert ihrem Gatten wie Rachel; weise wie Rebekka, treu bis ins hohe Alter wie Sara.
Auf keine ihrer Taten soll der Verderber je Anspruch erheben; in der Treue harre sie aus und in Gottes Gebot.
Einer einzigen Gemeinschaft verbunden, meide sie alle unrechte Vertraulichkeit. Mit strenger Zucht festige sie ihre Schwäche.
Sittsamkeit sei ihre Würde, Züchtigkeit ihre Ehre, Gottes Lehre ihre Weisheit. Sie sei gesegnet mit Kindern, bewährt und lauteren Herzens. Und am Ende gelange sie zur Ruhe der Seligen und zum himmlischen Reiche.

Diese Konzentration auf die Braut wirkt heute eher befremdlich. Sie rührt wohl daher, dass die *Benedictio nuptialis* ursprünglich im häuslichen Kontext ihren Ort hatte. Schon von der Wortbedeutung her meint das lateinische „*nubere*": „heiraten, insofern es von der Frau gesagt wird" bzw. eigentlich „verschleiern", stammt es doch von „*nubes* – Schleier" ab. Bezeichnenderweise gibt es auch entsprechende Gebetsformulare mit dem Titel „*Velatio nuptialis*", wobei hier „*velare* – verhüllen, verschleiern" aufgenommen ist. Damit ist die Ursprungssituation umrissen: Diese Gebete wurden wahrscheinlich zwischen Verlobung und Hochzeit bei einer häuslichen Zeremonie, begleitend zur Verschleierung der Braut, in manchen Gebieten evtl. zur Verschleierung beider Brautleute, vom Familienoberhaupt gesprochen. Erst später wurden sie zu Amtsgebeten während der kirchlichen Trauung, und da dann allein die Braut verschleiert auftritt, konzentriert sich das Segensgebet beinahe ausschließlich auf sie. Vielleicht war der entsprechende Ritus sogar mancherorts eine Art Vorfeier, bei der der Bräutigam noch gar nicht anwesend war. Insgesamt wird man von lokal höchst unterschiedlichen Varianten ausgehen müssen (vgl. Kleinheyer, Riten, 88–90).

Der heutige Text ist an der entsprechenden Stelle – Epiklese II – jedenfalls so umgearbeitet, dass er sich eindeutig auf Braut und Bräutigam bezieht. Dieses spezielle epikletische Element nimmt zum Teil Gedanken auf, die die Benedictio in spanischer Tradition in Epiklese III für beide Brautleute gemeinsam entfaltet. – Parallel zur skizzierten Vorgehensweise in anderen Sakramentenfeiern wird zudem in der Gebetseinladung der *Benedictio nuptialis* die Tatsache, dass die Brautleute zueinander gefunden haben, treffend als ein Handeln *Gottes* gedeutet: Gott hat diesen Mann und diese Frau *selbst für den Ehebund auserwählt* – ein wichtiger Akzent, der im aktuellen Formular aus F. Trauung leider nicht so eindeutig gesetzt ist. Hier sind Parallelen etwa zur Ordination des Bischofs zu beobachten, der ja auch vor der Weiheliturgie durch Klerus und Volk ausgewählt wird, und im Hochgebet wird dieser Vorgang dann im Glauben als Handeln Gottes selbst gedeutet (vgl. GKL 5/Kap. 2).

Nun einige Hinweise zu den biblischen Bezügen im anamnetischen Teil:

Anamnese I/II setzt die Trauung in beiden vorgestellten Texten in Beziehung zur Schöpfungserzählung im Buch Genesis:

Gen 2,21–24

²¹Da ließ Gott, der Herr, einen tiefen Schlaf auf den Menschen fallen, so dass er einschlief, nahm eine seiner Rippen und verschloss ihre Stelle mit Fleisch.

> ²²Gott, der Herr, baute aus der Rippe, die er vom Menschen genommen hatte, eine Frau und führte sie dem Menschen zu.
> ²³Und der Mensch sprach:
> Das endlich ist Bein von meinem Bein
> und Fleisch von meinem Fleisch.
> Frau soll sie heißen;
> Denn vom Mann ist sie genommen.
> ²⁴Darum verlässt der Mann Vater und Mutter und bindet sich an seine Frau,
> und sie werden *ein* Fleisch.

Dieser Text ist schon im Neuen Testament wichtig für die Argumentation, die die Unauflöslichkeit der Ehe betont, z. B. dort, wo Jesus das Verbot der Ehescheidung begründet (vgl. Mk 10,7 f; Mt 19,5). Auch Paulus zitiert die Stelle, um die Christen zu entlarven, die glauben, sie könnten zugleich Glieder am Leib Christi und ein Leib mit einer Dirne sein (vgl. 1 Kor 6,16). Der Text in F. Trauung fügt dann folgerichtig mit Anamnese III einen weiteren zentralen Gedanken hinzu: Die Ehe ist Abbild des Bundes Christi mit seiner Kirche. Sie ist auf den Segen Gottes gegründet, der sich auf unvergleichliche Weise im Erlösungswerk Jesu Christi gezeigt hat. Durch die Erlösung in und durch Christus ist die Macht der Sünde gebrochen.

Der neutestamentliche Bezugstext für diesen Gedanken liegt im Epheserbrief vor, wo es bezüglich der zitierten Stelle aus Genesis heißt:

Eph 5,32f

> ³²Dies [die Einheit von Mann und Frau im Fleisch; S. W.] ist ein tiefes Geheimnis;
> ich beziehe es auf Christus und die Kirche.
> ³³Was euch angeht, so liebe jeder von euch seine Frau wie sich selbst,
> die Frau aber ehre den Mann.

Für „Geheimnis" steht im Griechischen *„mysterion"*, und die lateinische Übersetzung lautet „sacramentum". Dementsprechend hat die katholische Kirche vor allem mit Berufung auf diese Aussage die

Sakramentalität der Ehe gegen reformatorische Einwände verteidigt. Wir werden darauf unten noch zurückkommen.

 Liegt es nicht nahe, an dieser Stelle eine Verbindung zum Bund Gottes mit Israel zu ziehen?

Tatsächlich thematisiert etwa das Formular I für den Trauungssegen in F. Trauung diesen Zusammenhang ausdrücklich. Im anamnetischen Teil heißt es:

> **Feierlicher Trauungssegen gemäß F. Trauung, Form I**
>
> Wir preisen dich, Gott, unser Herr,
> denn du hast dir ein Volk erwählt
> und bist ihm in Treue verbunden;
> du hast die Ehe zum Abbild deines Bundes erhoben.
>
> Dein Volk hat die Treue gebrochen,
> doch du hast es nicht verstoßen.
> Den Bund hast du in Jesus Christus erneuert
> und in seiner Hingabe am Kreuz
> für immer besiegelt.

Gerade vom Bund Gottes mit Israel her lässt sich hervorragend erschließen, worin genau die Sakramentalität der Ehe begründet liegt. Wir heben uns deshalb einige weitere Bemerkungen zu diesem Thema ebenfalls noch bis zu einem der nächsten Abschnitte auf.

Zurück zu unserem Text: Nach dem lobpreisenden Gedächtnis der Heilstaten Gottes in der Anamnese folgt der epikletische Teil. Erfreulich ist, dass dessen Charakter auch hinsichtlich der non-verbalen Elemente des Segensgebetes im aktuellen deutschen Rituale stringenter zum Ausdruck kommt, als im derzeitigen römischen Formular: Während laut dem Rituale Romanum vorgesehen ist, wie bis zum Konzil auch das gesamte Gebet in der so genannten Orantenhaltung – also mit ausgebreiteten Armen und nach oben geöffneten Händen – zu vollziehen, schreibt F. Trauung vor, dass die Hände über die Brautleute auszubreiten sind (vgl. z. B. F. Trauung, Nr. 37, S. 45). Mit diesem eindeutig *epikletischen* Gestus stellt sich F. Trauung in eine breite liturgische Tradition von Trauungsriten. Der Gestus wird in Epiklese I sozusagen kommentiert, wenn die Kraft des Geistes auf die Brautleute herab gerufen wird. Epiklese I fungiert also als eine Überschrift und spricht die zentrale Bitte des Gebetes aus.

Theologisch äußerst wichtig ist im traditionellen Formular die Wendung „... die wir durch das Benedeien zum Bündnis der Ehe zusammengeben ...": Hier schlägt sich die Überzeugung nieder, dass die Benedictio selbst, indem sie durch den Amtsträger der Kirche in der Liturgie proklamiert wird, den Ehebund begründet!

Epiklese II bzw. III entfalten die Kernbitte in vielfältiger Weise: bezüglich des Ehelebens in seinem inneren Bereich; bezüglich des Lebens sowie der materiellen Güter, die aus der Beziehung der Eheleute miteinander entspringen können; bezüglich der Einbindung der Eheleute in gesellschaftliche Zusammenhänge. Auffällig ist, dass das Formular aus F. Trauung stark spiritualisiert und den christologischen Bezug der Feier nochmals betont (vgl. zum Phänomen der Sprutualisierung und Christologisierung von Gebetstexten GKL 3/S. 74–82), während das traditionelle Gebet von einem „ungemein lebensbejahenden ‚Cantus firmus'" (A. Jilek) gekennzeichnet ist: Hier findet sich ein Bekenntnis zu ungetrübter Lebensfreude; jede Jenseitsflucht wird vermieden, ja sogar um die Fülle irdischer Güter gebetet, und vor allem die Leiblichkeit, speziell die Sexualität zwischen Liebenden, poetisch in ein positives Licht gesetzt: „Die Wonne deiner Benedeiung umströme ihre Herzen und ihre Leiber in ... reicher Fülle". Die folgenden Bitten um rechte Handlungs- und Lebensweise, die sich auf alle (auch die intimen) Bereiche menschlichen Daseins erstrecken, und der Verweis auf die endzeitliche Vollendung sind damit in einen Kontext eingebettet und „geerdet". Wer so betet, der will mitten in der Welt die Freude an Gott als Kraft und Stärke in allen Lebensvollzügen entdecken: „Mit allem Zeitlichen ... so umgehen, dass ... das Ewige zum Ziel" wird, die „vergänglichen Güter ... so lieben, dass ... die für immer bleibenden" nicht verloren gehen.

Soweit der bisherige Befund eine solche Aussage zulässt, können wir festhalten, dass die Trauung in der Form, wie sie im nachkonziliaren Feierbuch F. Trauung vorgesehen ist, eindeutig die Struktur eines Sakramentes aufweist. Im Anschluss an A. Jilek können wir formulieren (vgl. Jilek, Segensgebet, 33 f.):

> - Wie in anderen Sakramenten eine „Materie" für die Liturgie ausgesondert wird – in der Eucharistiefeier z. B. Brot und Wein, in der Bischofsweihe ein Kandidat –, so setzt die Trauungsliturgie die Einigung und den Entschluss der Brautleute, miteinander die Ehe eingehen zu wollen, voraus.
> - Im Fall der Trauung ist die Einigung der Eheleute bzw. ihr Entschluss zur Heirat der Anlass für die Kirche, einen großen Gebetslobpreis anzustimmen, der anamnetisch-epikletisch angelegt ist.
> - Anliegen und Inhalt des Großen Gebetes über den Brautleuten ist das aktuelle Lebensereignis, dass ein Mann und eine Frau einander gefunden haben und die Ehe eingehen wollen. Dieses Ereignis wird als Handeln Gottes selbst gedeutet und proklamiert und die Fortsetzung des Heilshandelns in der Gegenwart und auf Zukunft hin erbeten.
> - So wenig ein Kandidat durch seine Wahl schon Bischof ist, so wenig Brot und Wein durch ihre Aussonderung für den liturgischen Gebrauch in der Gabenbereitung schon Leib und Blut Christi sind, so wenig sind die Brautleute durch ihren Entschluss, heiraten zu wollen, oder durch die Bekanntgabe desselben schon Eheleute im Glaubenssinn der Christen. Die genannten Vorgänge sind zweifellos unabdingbare Voraussetzungen für das gottesdienstliche Handeln, doch ersetzen sie dieses nicht! Konstitutiv für alle genannten sakramentalen Vollzüge ist das Große Gebet.
> - Trägerin des Großen Gebetes ist die gesamte gottesdienstliche Versammlung, in deren Namen vom leitenden kirchlichen Amtsträger das Große Gebet in Wort- und Zeichenhandlung verlautbart wird.

Die zu Beginn des Kapitels angesprochene Diskussion um die Sakramentalität der Ehe scheint damit geklärt zu sein, ja es ist die Frage zu stellen:

? Wie konnten eigentlich angesichts dieser eindeutig sakramentalen Feiergestalt der Trauung in Geschichte und Gegenwart überhaupt Zweifel darüber aufkommen, dass die christliche Ehe als Sakrament einzustufen ist?

3.3 Einige Schlaglichter auf die Diskussion um die Sakramentalität der Ehe

Der Theologe Peter Neuner hat jüngst die Position, der man sich gegenübersieht, wenn man die Ehe vom liturgischen Vollzug der Trauung her eindeutig als Sakrament einstuft, so zusammengefasst: „Es war ... bis zum Konzil von Trient allgemein und es ist seither zumindest unter bestimmten Bedingungen möglich, ohne kirchliche Form eine gültige Ehe einzugehen. Und diese Ehe wird in der katholischen Kirche als Sakrament erachtet. Die Sakramentalität der Ehe hängt also nicht an der kirchlichen Form, an der Mitwirkung des Priesters und an seinem Segen. Selbstverständlich ist die Einhaltung der Form, also der Austausch des Ehekonsenses in der Öffentlichkeit der Gemeinde, ein sprechendes Zeichen für die Kirchlichkeit der Ehe. Dennoch ist der sakramental-kirchliche Charakter von Eheabschluss und Ehebund nicht allein von dieser Form abhängig. Vielmehr ist jede gültige Ehe unter Christen sakramental und damit kirchlicher Vollzug. Christen können unter einander nur eine sakramental gültige Ehe eingehen – jede nicht sakramentale Ehe wäre ungültig. Damit stellt sich die Frage, woran die Sakramentalität hängt und was sie ausmacht, wenn sie nicht durch den kirchlichen Ritus konstituiert wird" (P. Neuner, Eheliche Gemeinschaft, 363).

Wir können hier nicht die vielschichtige Entwicklung der Eheschließungspraxis nachzeichnen (vgl. z. B. knapp Neuner, Eheliche Gemeinschaft, 359–363), denn *erstens* haben die unterschiedlichen gesellschaftlichen Gegebenheiten und das Brauchtum im Kontext der Eheschließung auf die kirchliche Gestaltung der Ehe Einfluss ausgeübt und auch Lehraussagen geprägt; *zweitens* sorgen bis heute kulturelle Unterschiede dafür, dass sich eine ganze Bandbreite von Vorstellungen über das angemessene Zusammenleben von Mann und Frau und Familie entwickelt hat; *drittens* war und ist auch innerchristlich die Vorstellung von der Ehe pastoral und dogmatisch in

Bewegung. Aber einige Schlaglichter sind doch angebracht, um die komplizierte Situation wenigstens anzudeuten.

Kirchenrechtliche Aspekte

Den wichtigsten Einschnitt für die Entwicklung in der lateinischen Westkirche bildet, wie im obigen Zitat gesagt, das Konzil von Trient. Dessen Ehedekret *Tametsi* verfügt für alle Christen, die in so genannten tridentinischen Gebieten wohnen, die Formpflicht. Diese Regelung galt also faktisch lange Zeit nur in den Pfarreien, die sich nicht den Ideen der Reformation anschlossen bzw. wieder in die Gemeinschaft der katholischen Kirche zurückkehrten, und die somit die Beschlüsse des Trienter Konzils anerkannten. Allgemein verbindlich wurde *Tametsi* erst mit dem kirchlichen Gesetzbuch von 1917. Seither ist für jeden katholischen Christen, der eine Ehe eingehen will, die Erfüllung der Formpflicht Voraussetzung für die Gültigkeit der Ehe.

 Was besagt die Formpflicht und worin liegt der Grund für ihre Einführung durch das Trienter Konzil?

In der Fassung des heutigen kirchlichen Gesetzbuches besagt die Formpflicht im Kern:

CIC 1983, Can. 1108 – § 1

Nur jene Ehen sind gültig, die geschlossen werden unter Assistenz des Ortsordinarius oder des Ortspfarrers oder eines von einem der beiden delegierten Priesters oder Diakons sowie vor zwei Zeugen …

Es geht also bei dieser Bestimmung darum, für die Eheschließung dadurch Öffentlichkeit herzustellen, dass die Ehe vor dem eigenen Pfarrer und mindestens zwei Zeugen zu schließen ist. Trotz einiger älterer staatlicher und kirchenamtlicher Bemühungen, z. B. vor einer Eheschließung festzustellen, ob Ehehindernisse (bestehende Ehe eines Partners, nahe Verwandtschaft etc.) vorlagen, und die eigentliche Eheschließung nicht mehr alleine durch häusliche Riten zu begleiten, sondern in der Kirche gottesdienstlich zu begehen, wurden vor dem

Trienter Konzil zahlreiche Ehen ohne jede kirchliche Mitwirkung, ja sogar ohne Wissen der Kirche geschlossen. Die Ehe kam dadurch zustande, dass sich die Brautleute gegenseitig ihren Ehewillen erklärten bzw. dadurch, dass sie eine gemeinsame Wohnung bezogen und geschlechtliche Gemeinschaft aufnahmen und den Ehekonsens auf diese Weise dokumentierten. Man spricht auch von „klandestinen – heimlichen", also zumindest nicht amtsbekannten – Ehen. Natürlich warfen solche Ehen nicht unerhebliche Probleme auf: In vielen Fällen ließ sich nicht mehr erheben, wer eigentlich aktuell mit wem verheiratet war. Willkürliche Eheauflösungen, Wiederverheiratungen und Doppelehen waren die für einzelne Betroffene wie Familien und soziale Gemeinschaften fatalen Folgen. – Der Eingriff des Konzils war also dringend geboten! Dadurch wurde Rechtssicherheit hergestellt und den Schwächeren in den unklaren Familienverhältnissen, also in der Regel den Frauen und Kindern, größerer Schutz gewährt.

Wurden aber durch die Einführung der Formpflicht nicht alle vorher geschlossenen Ehen automatisch ungültig?

Nein: Das Konzil von Trient hat klar festgelegt, dass von der Formpflicht nur Ehen betroffen sind, die nach Erlass des Dekrets geschlossen werden. Für uns entscheidend daran ist, dass sich dieser Beschluss nicht nur auf eine lange während Praxis, sondern auch eine breite theologische und lehramtliche Tradition stützen konnte. Gemäß dieser Tradition erfüllten die so genannten klandestinen Ehen durchaus die Bedingungen, die an eine gültige Ehe zu stellen waren. Diese Position kristallisiert sich im Lehrsatz von der Identität von Ehevertrag und Ehesakrament, wie er auch in den Codex Iuris Canonici von 1983 wieder übernommen wurde:

CIC 1983, Can. 1055

§ 1. Der Ehebund, durch den Mann und Frau unter sich die Gemeinschaft des ganzen Lebens begründen, welche durch ihre natürliche Eigenart auf das Wohl der Ehegatten und auf die Zeugung und die Erziehung von Nachkommenschaft hingeordnet ist, wurde zwischen Getauften von Christus dem Herrn zur Würde eines Sakramentes erhoben.

§ 2. Deshalb kann es zwischen Getauften keinen gültigen Ehevertrag geben, ohne dass er zugleich Sakrament ist.

Eine klassische Begründung dieses Lehrsatzes, die exemplarisch für eine breite Überzeugung in Theologie und Lehre der Kirche stehen kann, liefert zur Zeit des Tridentinums z. B. Kardinal Robert Bellarmin (1542–1621). Er geht vom Grundsatz der Schultheologie aus, gemäß dem die Gnade die Natur vollendet, nicht sie zerstört („*Gratia perficit, non destruit naturam*"). Ebenso wie die Gnade ist das Sakrament etwas, das dem Ehevertrag nicht „aufgepfropft" wird wie etwas ihm eigentlich Fremdes. Das Sakrament macht die Verbindung von Mann und Frau, die in sich bereits dem Willen des guten Schöpfergottes entspricht, vollkommen. Vertrag und Sakrament lassen sich aus dieser Perspektive gar nicht voneinander trennen. In Bellarmins Deutung führt diese Überzeugung dazu, jeden Ehevertrag zwischen Getauften als Sakrament zu betrachten. Auf dieser Linie konnten auch klandestine Ehen, die vor Trient geschlossen wurden, als gültig und legitim angesehen werden, und zudem wurden diese Ehen kraft der Taufe der Eheleute als „*rata* – verbürgt" und damit als sakramental eingestuft. Nochmals auf unsere Ausgangsfrage hin zugespitzt formuliert:

- **Die Einführung der Formpflicht als Bedingung für die kirchliche Gültigkeit der Eheschließung hatte zumindest primär nichts damit zu tun, dass man die Sakramentalität der Ehe mit einer bestimmten liturgischen Feierform in Verbindung bringen wollte. Vielmehr ging es darum, für die Ehe Rechtssicherheit herbeizuführen, und dadurch bestimmte Missstände wie z. B. willkürliche Eheauflösungen und Doppelehen abzustellen.**
- **Der entsprechende Lehrsatz, wonach Ehevertrag und Ehesakrament identisch sind, schlägt sich bis heute in der kirchlichen Gesetzgebung u. a. darin nieder, dass der kirchliche Amtsträger, der der kirchlichen Trauung vorsteht, lediglich als Assistent (vgl. oben Can. 1108 – § 1) der Eheschließung der Brautleute**

eingestuft wird. Die liturgische Feier, insbesondere die Proklamation des entsprechenden Hochgebetes durch den Amtsträger und die versammelte Gemeinde, ist aus dieser Perspektive für das Zustandekommen des Sakramentes nicht wesentlich.

Die kirchenrechtlichen Fragen sind aber nur ein Teil des Problemkomplexes. Mindestens ebenso wichtig für die Diskussion um die Sakramentalität der Ehe sind:

Dogmengeschichtliche Aspekte

Das Trienter Konzil hat auch für die Entwicklung der Glaubensüberzeugung von der Sakramentalität der Ehe – also in dogmengeschichtlicher Hinsicht – eine entscheidende Weichenstellung vorgenommen: Es formuliert den bis heute maßgeblichen Katalog von sieben Sakramenten und zählt die Ehe hinzu – allerdings im Kontext der unter den kirchenrechtlichen Aspekten beschriebenen Bedingungen. Damit wurde die mittelalterliche Diskussion darüber, welche kirchlichen Vollzüge eigentlich im engeren Sinne als Sakrament eingestuft werden sollten, lehramtlich zu einem Abschluss gebracht. Bis dahin gab es eine Fülle religiöser Praktiken, von denen man meinte, dass sie Segen und Gnade vermittelten, und die man insofern für sakramental in einem weiteren Sinne des Wortes hielt.

Was die Ehe angeht, so wurde sie vom Trienter Konzil ausdrücklich zu den sieben Sakramenten der Kirche gerechnet. Trient hat sich mit seiner Festlegung vor allem gegen die reformatorische, von Luther vorgegebene Position gewandt, gemäß der die Ehe kein Sakrament darstellt. Das ist natürlich auch für die aktuelle Diskussion um das rechte Verständnis einer *christlichen* Ehe nicht unbedeutend, weshalb wir auf diesen Zusammenhang kurz eingehen wollen.

 Aus welchem Grund verstand Luther die Ehe nicht als Sakrament?

Hören wir zunächst Luther im „O-Ton":

**Martin Luther, Vom ehelichen Leben, III, in:
WA 10, II, 275-304, 298**

Ach soll ich das Kind wiegen, die Windeln waschen, Betten machen, Gestank riechen, die Nacht wachen, beim Schreien für es sorgen, seinen Ausschlag und Geschwüre heilen, danach das Weib pflegen, die ernähren, arbeiten, hier sorgen, da sorgen, hier tun, da tun, das leiden und dies leiden und was denn mehr an Unlust der Ehestand lehrt. Ei sollt ich so gefangen sein? O du elender armer Mann, hast du ein Weib genommen, pfui, pfui des Jammers und der Unlust. Es ist besser, frei bleiben ohne Sorgen ein ruhiges Leben geführt. Ich will ein Pfaff oder Nonne werden, meine Kinder auch dazu anhalten.

Der Reformator scheint hier mit drastischen Worten die Ehe mehr als eine Lebensform darzustellen, an der sich zeigt, wie fern doch die umfassende Verwirklichung des Reiches Gottes auf Erden noch ist. Wie also, so könnte man eine solche Beschreibung weiter auslegen, soll eine solche Lebensform Sakrament, Zeichen für die aus Gnade geschenkte Erlösung sein? Doch dann heißt es:

**Martin Luther, Vom ehelichen Leben, III, in:
WA 10, II, 275-304, 2995,16-296,9**

Was sagt aber der christliche Glaube hierzu? Er tut seine Augen auf und siehet alle diese geringen, unangenehmen und verachteten Werke im Geist an und wird gewahr, dass sie alle mit göttlichem Wohlgefallen und wie mit dem kostbaren Gold und Edelsteinen geziert sind und spricht: Ach Gott, weil ich gewiss bin, dass Du mich als einen Mann geschaffen und von meinem Leib das Kind gezeugt hast, so weiß ich auch gewiss, dass es dir aufs allerbeste gefällt, und bekenne dir, dass ich nicht würdig bin, das Kindlein zu wiegen ... Wie bin ich ohne Verdienst in die Würdigkeit ohne Verdienst gekommen, dass ich deiner Kreatur und deinem liebsten Willen zu dienen gewiss geworden bin? Ach wie gerne will ich

> solches tun, wenn's noch geringer und verachteter wäre [...] Gott lacht und freut sich mit allen Engeln und Kreaturen nicht darüber, dass er die Windeln wäscht, sondern darüber dass er's im Glauben tut.

Anders als es zunächst scheint, propagiert Luther also die Ehe durchaus als gottgewollten Stand. An anderer Stelle betont er sogar mit Nachdruck, dass die Ehe den eigentlich heiligen Stand bildet und dem geistlichen Stand, der durch Ehelosigkeit gekennzeichnet ist, bei weitem vorzuziehen ist (vgl. WA 30 I, 161; WA 10 I, 161 f). Aber für ihn gehört die Ehe der Ordnung der Schöpfung an, wie es im zitierten Text ebenfalls betont wird: Die Ehe entspringt nicht der Erlösung durch Jesus Christus, sondern ist von Gott für die Menschen von Beginn an gestiftet. Die Ehe gründet nicht in menschlichem Willen, nicht in menschlicher Liebe; sie wurzelt in Gottes Gebot. Die Ehe ist für ihn also in diesem Sinne ein „weltlich Geschäft" (BSLK 528,1), da sie der Schöpfungsordnung, nicht der Erlösungsordnung angehört: Sie vermittelt nicht Gnade und Sündenvergebung wie Evangelium, Taufe und Herrenmahl. Deshalb ist sich Luther auch mit der katholischen Kirche seiner Zeit durchaus einig, dass für die Schließung der Ehe Öffentlichkeit herzustellen ist. Aber er beschreibt dies als Aufgabe der staatlichen Macht, nicht als Aufgabe der Kirche.

Im Übrigen war die Reformation gar nicht darauf aus, die Zahl der Sakramente im engeren Sinne festzuschreiben. Vor diesem Hintergrund lohnt es weniger darüber zu diskutieren, warum die Ehe heute seitens der meisten evangelischen Kirchen nicht zu den Sakramenten im katholischen Sinne gezählt wird. Vielmehr sollten wir uns durch Luthers Verständnis der Ehe dazu herausfordern lassen, genauer danach zu fragen, was Sakramentalität im Kern eigentlich ausmacht, und inwiefern die Ehe daran Anteil hat:

? **Nach den Neuordnungen aufgrund der Liturgiereform des Zweiten Vatikanischen Konzils hat der Ritus der Trauung eindeutig eine sakramentale Feiergestalt. In Theologie und kirchlicher Gesetzgebung scheinen aber andere Denkmodelle zu verhindern, dass dies insgesamt nachvollzogen wird. Wer hat denn nun Recht? Woran hängt tatsächlich die Sakramentalität der Ehe?**

3.4 Schlussfolgerungen zur Ehe als Sakrament aus der Sicht systematisch orientierter Liturgiewissenschaft

Nach christlich-jüdischem Verständnis, das sich aufgrund des biblischen Zeugnisses entwickelt hat, sind Ehe, Familie und damit zusammenhängende Einrichtungen und Vollzüge ebenso wie in anderen Religionen als so grundlegend für die menschliche Existenz wahrgenommen worden, dass sie mit Riten und ähnlichem verbunden worden sind. Wir sind z. B. schon kurz darauf eingegangen, dass die Trauungshochgebete aus häuslichen Riten erwachsen sind. Jedenfalls lassen sich durch die Geschichte hindurch eine Fülle von Riten, insbesondere Segnungen, anführen, die in diesen Kontexten entstanden sind (vgl. Kleinheyer, Riten). Biblische Schlüsseltexte, auf die sich diese Praxis berufen kann, sind etwa solche, in denen Gott für die Stiftung der Beziehung zwischen einem Mann und einer Frau gepriesen wird. Besonders sprechende Beispiele finden sich z. B. im Buch Tobit (vgl. Tob 7–8, besonders 8,5–8) und bei der wunderbaren Erwählung Rebekkas als Stammmutter Israels. *Nachdem* ihm Gott die rechte Frau für Isaak gezeigt hat, verneigt sich der Knecht Abrahams, wirft sich vor dem Herrn nieder und spricht: „Gepriesen sei der Herr, der Gott meines Herrn Abraham, der es meinem Herrn nicht an Huld und Treue fehlen ließ. Der Herr hat mich geradewegs zum Haus meines Herrn geführt" (Gen 24,27).

Die gestellte Frage darf also nicht dahingehend missverstanden werden, dass man darüber diskutieren könnte, ob die Ehe und alles, was damit zusammenhängt, für einen biblischen Glauben überhaupt eine gottgesegnete Wirklichkeit ist. Joseph Ratzinger hat u. a. bzgl. der Ehe deshalb auch von „Schöpfungssakramenten" gesprochen, die an Knotenpunkten der menschlichen Existenz entstehen: Im Zusammenhang von Geburt und Tod, dem gemeinsamen Mahlhalten und der geschlechtlichen Gemeinschaft offenbart sich, was der Mensch seinem Wesen nach ist – auf die Beziehung zu seinem Schöpfer hin ausgerichtetes Ebenbild Gottes (vgl. Ratzinger, Joseph, Die sakramentale Begründung menschlicher Existenz, Freising ²1967, 9). Wie wir am Beispiel der Position Luthers gesehen haben, geht es vielmehr um den genauen heilsgeschichtlichen Status der Ehe: Ist sie Sakrament „nur" kraft der Gründung der Schöpfung im guten Willen Gottes, oder ist sie auch Zeichen für die Erlösung in und durch Jesus Christus?

Das Konzil von Trient greift mit der erwähnten Einordnung der Ehe als eines der sieben Sakramente auf eine längere Tradition zurück: In systematisch-theologischer Sicht (vgl. GKL 3/S. 96–103) wurde die Ehe schon bei vielen Autoren der mittelalterlichen Schultheologie zu den sieben Sakramenten gezählt. Nach der damals gängigen Meinung war dafür allerdings normalerweise zweierlei unabdingbar:

(1) Ein Sakrament muss durch Jesus Christus eingesetzt sein.
(2) Ein Sakrament muss spezifische Gnadenwirkungen nach sich ziehen.

Gerade der zweite Punkt ist hinsichtlich der Ehe immer kontrovers diskutiert worden: Für alle Sakramente gilt, dass diese bewirken, was sie bezeichnen. Am Beispiel der Eucharistie aufgezeigt: Wenn das Hochgebet gemeinsam von Amtsträger und versammelter Gemeinde über den Gaben von Brot und Wein gesprochen ist, sind wirklich Leib und Blut Christi unter den Zeichen von Brot und Wein auf dem Altar gegenwärtig, und dies ist – ganz verkürzt gesagt! – nicht abhängig von einer bestimmten Leistung der Feiernden (vgl. GKL 3/Kap. 3). Bei der Ehe scheint das aber gerade nicht so zu sein: Wir hatten anhand der Gebetsformulare gesehen, dass sie vor allem Zeichen für den Bund zwischen Gott und den Menschen bzw. für die Einheit von Christus und seiner Kirche ist. Aber in welcher Weise bewirkt sie diesen Bund, diese Einheit auch mit Gewissheit? Hängt das nicht in hohem Maße von der konkreten Gestaltung der Ehe durch die Eheleute ab und eben nicht vom Gnadenhandeln Gottes, das aus Sicht des Glaubens im Rahmen des liturgischen Vollzugs seine Wirkung entfaltet? Macht man aber die Ehepraxis zum Kriterium der Zeichenhaftigkeit für das Heilshandeln Gottes, ergeben sich die an Luthers Beschreibung des Ehelebens aufgezeigten Fragen: Wie sollen die „von Eifersucht und Alltagssorgen, von materiellen Lasten, von Leiden an der eigenen Unvollkommenheit und den Schwächen des Partners gequälten Menschen" (R. Miggelbrink) ihre nur allzu oft misslingenden Bemühungen um eine lebensfördernde Gemeinschaft füreinander begreifen können als Zeichen für den Bund Gottes mit den Menschen?

Wir können innerhalb unseres liturgischen Grundkurses die Diskussion über die Wirkung eines Sakramentes, wie sie lange Zeit die katholische Sakramententheologie dominiert hat, nicht weiter nachzeichnen (vgl. z. B. die an der Ehe orientierte Darstellung in: Link-Wieczorek/Miggelbrink, Sakrament oder Segen?, 404–416). Die Richtung, in die zu denken ist, lässt sich vom klassischen Kriterium (1) für die Einstufung als Sakrament, die Einsetzung durch Christus, in Verbindung mit unseren Ausführungen zum Großen Gebet der Trauungsliturgie skizzieren. Wie auch immer man heute im Einzelnen die Einsetzung eines Sakramentes durch Christus systematisch-theologisch denken mag: Das traditionelle Kriterium für Sakramentalität verweist jede Reflexion auf die Grundlagen sakramentalen Handelns offensichtlich auf das Geheimnis der Person Jesu Christi! Und das wiederum ist, wie wir in unserem Grundkurs bereits gezeigt haben, liturgietheologisch der entscheidende Schlüssel für das Verständnis liturgischen Feierns: Liturgie ist ihrem Wesen nach lobpreisendes Gedächtnis des Pascha-Mysteriums Jesu Christi (vgl. SC 5/6). Von dieser Grundlage her ergibt sich ein Verständnis von Sakramentalität, das dann auch wieder hilfreich ist für die ökumenische Diskussion (vgl. Link-Wieczorek/Miggelbrink, Sakrament oder Segen?):

Die neuere katholische Theologie spricht von Jesus Christus vielfach auch als „Ursakrament". Gott hat sein heilbringendes, rettendes Wort nicht nur in vielfältigen Erfahrungen „zum Klingen" gebracht – besonders in der Geschichte mit seinem auserwählten Volk Israel (vgl. GKL 1/Abschnitt 1.4) –, sondern sein Wort ist leibhaft unter uns erschienen, „Fleisch geworden", wie der Prolog des Johannesevangeliums es formuliert. *„Jesus Christus ist das vollmächtig in der Geschichte zugesagte, wirkende Heilswort Gottes, das in der Zeichenhaftigkeit seiner leiblichen Existenz die innergeschichtliche Präsenz und Wirksamkeit Gottes vergegenwärtigt und so Sakrament ist.* Ursakrament ist Jesus, insofern alle Sakramente auf ihn hin verweisen und von der im Leben und Sterben Jesu verwirklichten Heilszuwendung Gottes her stammen" (Wieczorek/Miggelbrink, Sakrament oder Segen?, 411).

Das Konzil spricht darüber hinaus in Bezug auf die Kirche als Gemeinschaft derer, die mittels der Taufe sakramental ins Christusereignis mit hinein genommen sind (vgl. GKL 2), davon, dass sie „Zeichen und Werkzeug für die innigste Vereinigung mit Gott wie für die Einheit der Menschen untereinander" ist. Als „Zeichen und Werkzeug des Heils" hat die Tradition immer die Sakramente bezeichnet. Die biblischen Motive, die in den anamnetischen Teilen der besprochenen Trauungshochgebete zusammengebunden sind, lassen insofern deutlich werden, wie sich der entsprechende heilsgeschichtliche Bogen vom Christusereignis her erschließt, und legen ein Verständnis der Einzelsakramente nahe, gemäß dem diese *„untereinander in strukturierter Weise verbundene heilsgeschichtlich-gnadenhafte-werkzeugliche Gestalten der Heilszuwendung Gottes"* darstellen (Wieczorek/Miggelbrink, Sakrament oder Segen?, 416).

❓ Müssen wir dann nicht nochmals etwas genauer in die biblischen Bezugstexte schauen, um zu verstehen, was die Ehe als Sakrament ausmacht?

Das ist tatsächlich der angemessene Weg dafür, die Sakramentalität der Ehe tiefer zu verstehen. Wir haben in allen Grundkursbänden gesehen, dass die biblischen Texte für den Glauben überhaupt und dann natürlich auch für dessen liturgische Feier das Fundament bilden. Wir hatten bereits kurz angedeutet, was die Hochgebetstexte verkünden: Es ist die *eine* Weisheit Gottes, die im Beginn den Menschen als Mann und Frau erschafft, den Liebesbund mit Israel schließt und sich in Jesus Christus in Raum und Zeit verleiblicht. Und diese Weisheit Gottes ist es auch, die als Heiliger Geist die Kirche zur mystischen Gemeinschaft mit, in und durch Jesus Christus macht. Als Leib Jesu Christi bezeugt die Kirche das Ursakrament in ihren Vollzügen durch die Zeiten hindurch:

Nach dem entscheidenden Vers Eph 5,32 ist, wie wir bereits gesehen haben, die eheliche Gemeinschaft von Mann und Frau in Beziehung zu setzen zur Einheit Christi mit seiner Kirche. Die Ehe gründet also im *mysterion* – Sakrament, das Jesus Christus selber ist, und das in der Kirche fortwirkt. Der Kontext, in dem diese Aussage steht, ist eine so genannte Haustafel, die natürlich z. T. die soziale Wirklichkeit der damaligen Zeit widerspiegelt. Wichtig für uns ist nur, dass es hier nicht um eine Aussage über eine nicht unmittelbar erfahrbare, geistige Dimension des Ehelebens geht, sondern tatsächlich um den Alltag des menschlichen Zusammenlebens in Ehe und Familie: Darin, wie Eheleute und Familienmitglieder konkret miteinander umgehen, zeigt sich, wie Christus die Kirche liebt, wie Gott mit den Menschen umgeht. Der Verfasser des Briefes beruft sich für diese Konzeption auf die Schöpfungsordnung und spielt dabei mit dem Begriff des Leibes:

> ²⁸Darum sind die Männer verpflichtet, ihre Frauen so zu lieben wie ihren eigenen Leib.

> Wer seine Frau liebt, liebt sich selbst.
> ²⁹Keiner hat je seinen eigenen Leib gehasst, sondern er nährt und pflegt ihn, wie auch Christus die Kirche.
> ³⁰Denn wir sind Glieder seines Leibes.
> ³¹*Darum wird der Mann Vater und Mutter verlassen und sich an seine Frau binden,*
> *und die zwei werden ein Fleisch sein.*

Eph 5,31 zeigt auf, dass die gesamte Argumentation schöpfungstheologisch verankert ist. In einer jetzt von uns schon oft gebrauchten Terminologie gesagt: Gott handelt nicht an den Grundbefindlichkeiten menschlicher Existenz vorbei, sondern nimmt sie ganz ernst! Die Leiblichkeit, die sich u. a. in der Verwiesenheit von Mann und Frau aufeinander konkretisiert, ist nicht Hindernis, sondern Erfahrungsraum für die heilende Nähe Gottes: „Im Schöpfungsgeheimnis von Mann und Frau wird das Bundesgeheimnis von Christus und seiner Kirche präsent" (Neuner, Eheliche Gemeinschaft, 372).

Wird auf der Suche nach dem Wesentlichen einer sakramentalen Ehe auf diese Weise angesetzt, ist dann auch der „garstig breite Graben" zwischen Liturgie und Lebenspraxis überwunden. Dafür öffnet die in den Trauungshochgebeten ebenfalls aufgerufene Bundesgeschichte Gottes mit seinem Volk Israel den Blick. Aussagen, die den Bund Gottes mit Israel in Analogie zum Ehebund sehen, und auf die Konzeptionen wie die des Epheserbriefes letztlich zurückgreifen, gibt es an verschiedenen Stellen im Alten Testament, wobei die unterschiedlichsten Akzente gesetzt werden. Wir greifen hier als Beispiel das Prophetenbuch Hosea heraus, aus dem auch die Überschrift dieses Kapitels entnommen ist (vgl. zum Folgenden Verweyen, Sakramente, 74–84; Zenger, Hosea). Grundsätzlich steht im Hintergrund der biblisch begründeten Bewertung der Ehe als Sakrament, dass die Dimension der Leiblichkeit vor allem in ihrer Konkretisierung als Arterhaltungs- bzw. Sexualtrieb (vgl. das Schaubild S. 9) von jeher in allen Kulturen als so prägend für das menschliche Dasein erlebt wird, dass sie bewusst mit dem Göttlichen in Beziehung gesetzt wird. Dies geschah unter anderem in kultischen Handlungen, in denen sich die weibliche Schutzgöttin einer Stadt oder Region symbolisch mit einem Gott verbindet, um Fruchtbarkeit zu erlangen. Hosea setzt mit seiner

Kritik daran an, dass Israel wohl derartige Praktiken aus seiner Umwelt übernommen hatte und an Fruchtbarkeitsriten teilnahm, bei denen es zum Teil sogar zur geschlechtlichen Vereinigung von Tempelpriestern und Prostituierten kam. Von der religiös verbrämten sexuellen Freizügigkeit zu entsprechenden Handlungsweisen im Alltag war es dann nur ein kleiner Schritt.

Gottes Auftrag ergeht an Hosea, sich bei denen in Israel zu Wort zu melden, die in dieser Weise den Bund Gottes mit seinem Volk unterhöhlen. Damit wenden sie sich gegen den Heilsplan Gottes, denn der Bund hat doch die Verwirklichung und Erhaltung des guten Urzustands der Schöpfung zum Ziel (vgl. GKL 2/S. 27–31): „Anfang des Wortes Jahwes an Hosea. Jahwe sprach zu Hosea: ‚Geh, nimm dir ein buhlerisches Weib und buhlerische Kinder, denn wie eine Dirne wendet sich das Land von Jahwe ab!'" (Hos 1,2). Wörtlich übersetzt heißt der letzte Halbsatz sogar: „… denn das Land hurt weg von Jahwe!" Ohne auf die vielschichtige Komposition in Hos 1–3 bzw. des gesamten Buches eingehen zu können, sei nur festgehalten, dass die Beziehung zwischen Hosea und seiner „buhlerischen" Frau zum prophetischen Zeichen mitten in Israel wird: Als die Frau ihren freizügigen Lebensstil fortsetzt, befiehlt Gott seinem Propheten, sie nicht fallen zu lassen:

Hos 3,1–2

Der Herr sagte zu mir: Geh noch einmal hin und liebe die Frau, die einen Liebhaber hat und Ehebruch treibt. (Liebe sie) so, wie der Herr die Söhne Israels liebt, obwohl sie sich anderen Göttern zuwenden und Opferkuchen aus Rosinen lieben. Da kaufte ich sie für fünfzehn Silberstücke und anderthalb Hómer Gerste.

Hosea setzt einiges an Vermögen ein, um die Ehe aufrechtzuerhalten, ganz zu Schweigen von den „emotionalen Investitionen". Darin folgt er Gott in der „Torheit der Liebenden" nach, die dieser in seiner Beziehung zu Israel an den Tag legt (vgl. Hos 2,4-25): Gott droht Israel angesichts von dessen Versagen und Verrat zunächst furchtbare Strafen an, bevor er völlig überraschend zusagt, sich dem Volk wie ein werbender Bräutigam zu nähern:

Hos 2

¹⁸An jenem Tag – Spruch des Herrn – wirst du zu mir sagen: Mein Mann!,
und nicht mehr: Mein Baal [Fruchtbarkeitsgott; S.W.]!
¹⁹Ich lasse die Namen der Baale aus deinem Mund verschwinden,
so dass niemand mehr ihre Namen anruft.
²⁰Ich schließe für Israel an jenem Tag einen Bund
mit den Tieren des Feldes, mit den Vögeln des Himmels und mit allem,
was auf dem Erdboden kriecht.
Ich zerbreche Bogen und Schwert,
es gibt keinen Krieg mehr im Land,
ich lasse sie Ruhe und Sicherheit finden.
²¹Ich traue dich mir an auf ewig;
ich traue dich mir an um den Brautpreis von Gerechtigkeit und Recht,
von Liebe und Erbarmen.
²²Ich traue dich mir an
um den Brautpreis meiner Treue:
Dann wirst du den Herrn erkennen.

Gott zeigt hier – nach der Logik der Welt auf den ersten Blick völlig unverständlich – die einzig angemessene Antwort missbrauchter und missachteter Liebe auf: weiter und immer wieder zu lieben! Die Liebe eines anderen lässt sich nicht erzwingen, gerade nicht durch noch so drakonische Strafen: „Wo immer Liebe mit Füßen getreten wird, bleibt dem, der wirklich liebt, nichts anderes übrig, als alles andere von sich zu werfen, was nicht zu dem winzigen Senfkorn gehört, das Liebe heißt. Alles andere, das ganze Arsenal von Haben und Gehaben, mit dem ein Verliebter am Anfang Eindruck erwecken möchte, ist dann nutzlos geworden. Gott beginnt ganz von vorn, von außen gesehen aus dem Nichts" (H. Verweyen). Das biblische Buch wird dadurch zum „prophetischen Drama der unzerstörbaren väterlichen/ mütterlichen Liebe JHWHs zum ‚verlorenen Sohn' Israel", dass ein Mensch – Hosea – auf das zunächst befremdliche Wort seines Gottes: „Geh noch einmal hin und liebe" hin handelt. Der Prophet nähert sich durch die neu aufgenommene und dann mit allen Konsequenzen gelebte Beziehung zu seiner verloren geglaubten Frau dem Wort Gottes an, und so wächst in ihm nach und nach auch ein völlig verändertes Bild zwischenmenschlicher wie göttlicher Liebe: „Das, was der Name Jahwe bedeutet – bedingungsloses Dasein für seine Geschöpfe – kommt hier am Leibe eines Propheten zur Sprache" (H. Verweyen). In Leben, Sterben, Auferweckung und Erhöhung Jesu Christi erhält diese Interpretation des Bundes Gottes mit Israel und der ganzen Menschheit ihre letztgültige Bestätigung (vgl. auch GKL 3/Kap. 1).

Die schöpfungs- und bundestheologische Sicht auf die Ehe, wie sie vor allem durch die anamnetischen Teile der Trauungshochgebete in die Liturgie eingebracht wird, betrachtet die Ehe also als ein durch und durch dynamisches Beziehungsgeschehen. Der Verlauf von „Liebesgeschichten" lässt sich tatsächlich nicht durch einen einmaligen Akt ein für allemal festschreiben, in dem sich Liebende gegenseitig ihrer Treue versichern „bis dass der Tod uns scheidet". Aber ein solches Versprechen ist für die, die es einander schenken, eine unwiderrufliche Aufgabe, alles ihnen Mögliche dafür zu tun, dass die Geschichte der gemeinsamen Liebe für sie und diejenigen, die in diese Geschichte mit hinein genommen werden, zum Segen gereicht.

Menschen können tatsächlich nicht mehr tun, als das ihnen Mögliche. Wenn sie in liturgischen Vollzügen diese Möglichkeiten in anamnetisch-epikletischem Beten allerdings dem Wirken des Geistes Gottes öffnen, geben sie der Hoffnung Ausdruck, dass Gott die menschlichen Möglichkeiten erfüllt und dadurch weitet. Gott kommt „ins Fleisch", er wird selber Mensch und lässt keine menschliche Erfahrung aus. Gott nimmt den Menschen und seine Grundbefindlichkeiten so ernst, dass er sein erlösendes und heiligendes Wirken an die menschliche Natur und ihre Begrenztheit bindet, ja sich selber am Kreuz von dieser Begrenztheit festnageln lässt. Die Ehe ist Zeichen dafür, dass in dieses Geschehen der Erlösung in Leiden, Sterben und Auferweckung Jesu Christi *alle* Lebensvollzüge mit hinein genommen sind, auch die geschlechtlichen Vollzüge, in denen sich die Leiblichkeit (biblisch gesprochen: das Fleisch) aufs Höchste ausdrückt.

So gesehen ist gerade die Ehe Sakrament: Eheleute, die eine sakramentale Ehe eingehen, verstehen die dauerhafte, auf das ganze Leben angelegte Treue füreinander als eine Wirklichkeit, in der sich Gottes

Liebe zu den Menschen und zur Welt zeichenhaft offenbart. Das Ja, das Mann und Frau in der liturgischen Feier zueinander sprechen, beinhaltet eine Bejahung, die das gesamte noch ausstehende Leben des anderen umfasst, und damit auch dessen Vergangenheit, aus der die Zukunft herauswächst. Das anfangs gesprochene Ja konkretisiert sich dann sowohl in der beglückenden Erfahrung des anderen, wenn die Anteilnahme an dessen Geschichte als Geschenk erlebt wird, aber auch darin, dass diese Lebensgeschichte als Herausforderung verstanden und angenommen wird; denn die Eheleute sind füreinander einerseits lebendige Zeugnisse für den guten Schöpferwillen Gottes, andererseits dokumentieren sie ebenso schmerzlich die Beschädigungen der „paradiesischen Zustände" durch eine lange Geschichte von Schuld und Versagen. Der Geliebte ist mit seiner ganzen Existenz Gabe und Aufgabe in einem!

Natürlich vervielfacht sich alles, was diese doppelte Perspektive auf die Ehe offen legt, wo sich diese zu einer Familie weiterentwickelt: „In der Gemeinschaft von Mann und Frau versammelt sich plötzlich ein bunter Ausschnitt der Menschheit in freundlicher Vertrautheit, unbegriffener Fremdheit und biographisch belasteter und belastender Vorprägung. Nicht nur Neues wird hier geschenkt und jubelnd dankbar entgegen genommen, längst verdrängtes Altes tritt wieder in die Gegenwart, will angenommen und versöhnt sein. Die Gelassenheit zu solchem höchst konkreten Heiligungshandeln an der Menschheit findet ihre Kraft nicht in der realistischen Erreichbarkeit hochgesteckter Ziele einer Ehe- und Familienprogrammatik, sondern bedarf des kühnen Mutes angesichts zu befürchtender Vergeblichkeiten" (Wieczorek/Miggelbrink, Sakrament oder Segen?, 426).

Eine Ehe zu schließen erfordert insofern tatsächlich erheblichen Mut: Menschen lassen sich auf das Abenteuer ein, ihre gesamte Existenz einander anzuvertrauen – mit allen damit verbundenen Unwägbarkeiten. Zu Weggemeinschaften, in denen sich Leben und Heil in Fülle erfahren lassen, werden Ehen und Familien aber in biblischer Sicht nicht trotz des Leidens und der Schwierigkeiten, die sie auch beinhalten, sondern indem die Beteiligten die entsprechenden Erfahrungen als Zumutungen, als Aufforderungen, ihnen mutig zu begegnen, verstehen, und indem sie sich auf Durststrecken aus dem Quell der Barmherzigkeit Gottes nähren. Christliche Eheleute tun dies mit der Gewissheit, dass Gott als der Einzige, der das Ganze eines menschlichen Lebens im Blick haben kann, den jeweils anderen bedingungslos bejaht, und stimmen durch ihr Treueversprechen in das Ja Gottes mit ein. Auf den Spuren biblischer Zeugen wie des Propheten Hosea erleben sie sich dabei einerseits als Menschen, die Gott erwählt und beschenkt hat. Andererseits werden sie so zu Botinnen und Boten Gottes, die sein Heilswerk, das er in und durch Jesus Christus wirkt, aktiv an anderen Menschen und der ganzen Schöpfung mitgestalten – getragen und erfüllt von der Kraft des Geistes Gottes.

Zusammenfassend ergibt sich aus dem biblischen Befund für die Bedeutung der liturgischen Trauung als sakramentaler Vollzug:

Das anamnetisch-epikletische Beten durch den Amtsträger und die versammelte Gemeinde über den Brautleuten verkündet die Ehe als Sakrament. Dadurch bringt die Feier die biblisch begründete, christliche Überzeugung zum Ausdruck, dass
- **die auf Lebenszeit angelegte gegenseitige Bejahung zwischen den Brautleuten, die sich auf alle Dimensionen ihrer Existenz bezieht, mit der „im Gebet angesprochenen Bezugsgröße des ewigen Gottes" einen Sinn erhält: Die Brautleute „nehmen ihr Herz in die Hand, nicht, um es, wie das sentimentale Geschwätz des Alltags meint, dem Geliebten zu schenken, sondern um auf Gott hin mit diesem kleinen Menschenleben in Glaube, Hoffnung und Liebe den eigentlich vom Menschen alleine her unmöglichen Akt zu wagen, über dieses Herz auf Gott hin zu verfügen, in dem sie es einem Zweck weihen, den Gott will" (Wieczorek/Miggelbrink, Sakrament oder Segen?, 420 f).**
- **sich die Hoffnung, die sich am Anfang der Ehe durch eine mutige Entscheidung füreinander dokumentiert, auf dem gemeinsamen Lebensweg in vielfältigen Erfahrungen des Heils „auszeitigt". Die Eheleute versprechen, im Horizont der eigenen Zerbrechlichkeit und Todesverfallenheit „Gottes Handeln am Menschen nach(zuahmen), der Raum gibt, begleitet, wahrnimmt, bejaht und die Zusage von Sinn und Zukunft auch angesichts des Todes aufrechterhält. Sie werden füreinander zu Bürgen dieses von Gott her vollmächtig**

zugesagten und im Glauben angenommenen Sinns" (ebd., 422).
- die geschlechtliche Gemeinschaft als sakramentales Zeichen für die vollkommene Integration der Leiblichkeit in die Heilsgeschichte steht, wie sie in der Menschwerdung, in Leiden, Tod und Auferweckung Jesu Christi offenbar geworden ist: Der ganze Mensch ist in seiner Erlösungsbedürftigkeit auf Gottes Gnade und sein Heil hingeordnet.
- dort, wo ein Mensch „in der Ehe durch liebende Bejahung und verlässliche Treue mitwirkt, dass ein Mensch Zuversicht, Mut und Energie entwickelt ... dieser Mensch zum Vermittler helfender göttlicher Gnadenzuwendung und göttlicher Lebenskraft (wird). – Als Zeichen der Treue Gottes, die Lebensplanung ermöglicht, Zuversicht begründet und Hoffnung im Angesicht des Todes aufstrahlen lässt, sind die Eheleute Zeichen der Hoffnung für die gesamte, sie umgebende soziale Mitwelt. Sie verbürgen mit ihrem als Ganzes in die Hand genommenen Leben die Verlässlichkeit der göttlichen Zusage, dass die Lebenszeit in ihrem Ende nicht ihre Widerlegung finden wird" (ebd., 422).

Ein solches Verständnis vom Ehesakrament ist dann völlig vereinbar mit den Vorstellungen, die wir auch mit anderen Sakramenten verbinden. Wie wir in unserem Grundkurs schon mehrfach gesehen haben, ist die Feier eines Sakramentes noch nicht gleichbedeutend damit, dass es sich auch im Leben der Feiernden mit der ganzen Fülle seiner Gaben auswirkt. Die Schwäche der glaubenden Menschen ist da oft Hindernis für die umfassende Verwirklichung des Reiches Gottes. Erinnert sei nur an die mehrfach von uns thematisierte „Krise von Korinth" (vgl. GKL 1/S. 65–71; GKL 3/S. 19–29).

 Gibt es denn Vorschläge, wie dieses biblisch begründete Verständnis von der Ehe als Sakrament, wie es in der liturgischen Feierform zum Ausdruck kommt, auch in der pastoralen Praxis umgesetzt werden kann? Wie ist die dominierende kirchenrechtliche Perspektive damit zu vereinbaren, die den Konsens zwischen den Eheleuten als Grundlage des Ehesakramentes betrachtet?

3.5 Perspektiven für eine angemessene ehepastorale Praxis

Eine wichtige Folgerung aus dem skizzierten Sakramentenbegriff und dem entsprechenden Eheverständnis ist, dass sich daraus sicherlich im theologischen Gespräch zumindest mit evangelischen Partnern eine konsensfähige Konzeption der Ehe herausarbeiten ließe. Wo Sakramente vom Ursakrament Jesus Christus her und damit v. a. von Taufe und Eucharistie her bzw. auf diese hin verstanden werden, wird deutlich, dass sie „untereinander in strukturierter Weise verbundene heilsgeschichtlich-gnadenhafte-werkzeugliche Gestalten der Heilszuwendung Gottes" sind (Wieczorek/Miggelbrink, Sakrament oder Segen?, 416).

Der Katalog von sieben Sakramenten ist gegenüber diesem grundlegenden Verständnis von Sakramentalität, wie die Geschichte der Kirche gezeigt hat, eher nachgeordnet. Die katholische Position setzt dies ja auch insofern schon voraus, als sie alle Ehen zwischen Getauften – gleich welcher Konfession diese angehören – als sakramental betrachtet. Voraussetzung für eine sakramentale Ehe ist kirchenrechtlich gesehen lediglich der erklärte Konsens zweier getaufter Brautleute.

Die katholische Kirche hat durch diese Regelung dem Umstand Rechnung getragen, dass die Ehe – wie wir gesehen haben – als einziges der sieben Sakramente nicht nur eine im engeren Sinne des Wortes sakramentale Wirklichkeit ist, sondern auch in der Ordnung der Natur vorgegeben existiert und insofern ein gesellschaftliches Phänomen darstellt: „Das Sakrament der Ehe ist bereits in der Schöpfungsordnung grundgelegt; und als diese von Gott für den Menschen geschaffene Wirklichkeit ist die Ehe bereits von ihrer natürlichen Eigenart her ein Bild für die Liebe Gottes zu den Menschen. Insofern kommt jedweder Ehe ein ‚sakramentaler' Charakter zu, unabhängig von dem Glaubensbekenntnis der Partner" (Demel, Die sakramentale Ehe, 71 f.).

Allerdings fordert das kirchliche Gesetzbuch für die Sakramente im Allgemeinen, dass sie einerseits „Handlungen Christi und der Kirche" sind, aber andererseits auch „Zeichen und Mittel ..., durch die der Glaube ausgedrückt und bestärkt, Gott Verehrung erwiesen und die Heiligung der Menschen bewirkt wird" (Can 840 CIC). Diese Bestimmungen dürfen natürlich gerade vor dem Hintergrund eines gefüllten, biblisch begründeten Ehe- bzw. Sakramentenverständnisses, wie wir es skizziert haben, keinesfalls auseinander gerissen werden: So sehr festzuhalten bleibt, dass die Ehe zweier Menschen darauf angewiesen ist, letztlich nicht auf ihren eigenen Fähigkeiten und Möglichkeiten zu gründen, sondern in Gott und in der Gemeinschaft der Kirche zu wurzeln, so sehr ist auch im Blick zu behalten, dass eine Ehe erst zum Zeichen der Liebe Gottes zu den Menschen und seiner Schöpfung wird, wo die Eheleute das gefeierte Sakrament auch im Leben bezeugen. Ja, vom Epheserbrief her gesehen ist jede Ehe „Kirche im Kleinen", oder biblisch gesprochen: Hauskirche, in der sich der Glaube in besonderer Weise ausdrückt, und umso mehr ist bezüglich der Ehe einzufordern, was Menschen im Vollsinn zur Kirche zusammenschließt: Sakramente, Glaubensbekenntnis und kirchliche Leitung (vgl. CIC Can. 205). Dieses dreifache Band, das die Kirchengliedschaft begründet, muss aber, wie das Zweite Vatikanische Konzil betont, vom Geist Christi durchdrungen sein, und dieser Geist ist in gelebtem Glauben, in Hoffnung und Liebe zu bezeugen (vgl. *Lumen Gentium*, Art. 14, Abs. 2).

Vom kirchlichen Eherecht her genügt aber allein der ausdrückliche negative Wille eines Getauften, um den sakramentalen Charakter seiner Ehe auszuschließen (vgl. CIC can. 1099). Doch dadurch haben getaufte Christen, wenn der gültige Ehevertrag zwischen ihnen immer zugleich sakramental ist und umgekehrt, nur die Alternative, entweder eine sakramentale *und* gültige Ehe miteinander zu schließen *oder* eine nicht sakramentale Ehe einzugehen, die aber dann auch zugleich keinerlei kirchliche Gültigkeit beanspruchen kann. Eine dritte Möglichkeit ist für Getaufte ausgeschlossen! Ist das aber angesichts der skizzierten Ausgangslage angemessen? Müsste es nicht vielmehr auch möglich sein, eine kirchlich gültige Ehe zu schließen, die als „Knotenpunkt" der Existenz zweier Menschen dem Schöpfungsplan gemäß und insofern in einem weiteren Sinne sakramental ist? Wären solche der Schöpfung gemäßen Ehen nicht deutlicher abzugrenzen von solchen Ehen, in denen zwei Menschen im biblisch aufgewiesenen Rahmen ihre Lebensgemeinschaft im vollen Sinne des Wortes als Sakrament verstehen wollen? Hierzu wären jedoch die Brautleute nicht nur danach zu fragen, ob sie die Sakramentalität ihrer Ehe ausdrücklich ausschließen wollen, sondern – und in der Liturgie geschieht dies ja auch, wie wir oben anhand des Formulartextes gesehen haben –, ob sie ein ausreichendes Glaubensverständnis von der Ehe als Sakrament haben und diesem Glauben in der Gemeinschaft der Christen entsprechend leben wollen.

Die aufgezeigte Problematik ist natürlich heute umso bedrängender angesichts „einer gesellschaftlichen Situation, in der das Lebensmodell der Ehe kein fragloses Ideal mehr darstellt und in der die christlich gelebte Ehe keineswegs mehr so selbstverständlich ist, dass die Frage nach ihr einfach unter Verweis auf eine lückenlos bestehende kirchliche Praxis beantwortet werden könnte": Hier „muss konsequent unterschieden werden zwischen Vorformen ehelicher Gemeinschaft, der Ehe als natürlicher Institution und der Ehe als sakramentaler Wirklichkeit. Im Felde einer großen Gestaltungsfreiheit von Beziehungsgeschichten und jenseits fest verbürgter Biographieabläufe in zyklischen Gesellschaften muss bei der Eheschließung thematisch werden, was die Brautleute zu tun beabsichtigen und ob sie wirklich beabsichtigen, *zu tun, was die Kirche tut, wenn sie eine sakramentale Ehe begründet*" (Wieczorek/Miggelbrink, Sakrament oder Segen?, 418 f.).

Zumindest kirchenrechtlich wird diese Unterscheidung aber nach wie vor nicht vorgenommen. Es kommt deshalb in der Praxis – um es nur an einem Beispiel aufzuzeigen – zu so merkwürdigen Konsequenzen wie der, dass im Fall zweier katholischer Partner eine zivilrechtliche Trauung auf dem Standesamt für die Kirche keinerlei rechtsrelevante Bedeutung hat. Im Fall zweier katholisch getaufter, aber aus der Kirche ausgetretener Partner hingegen gilt die Formpflicht für die Eheschließung nicht mehr, und insofern heiraten sie auf dem Standesamt aus kirchlicher Sicht gültig; ihre Ehe wird zudem als Sakrament eingestuft. Die katholische Kirche betrachtet also die standesamtliche Trauung bei einem kirchentreuen katholischen Brautpaar als eine „inhaltsleere Rechtsformalie", bei einem im Formalakt von der Kirche abgefallenen katholischen Brautpaar hingegen ist sie ein sakramentenstiftender Akt: „Letzteres ist in zweifacher Hinsicht mehr als verwunderlich; denn erstens empfangen diejenigen, die der Kirche mit dem Formalakt offen den Rücken kehren, ein Sakrament, und zweitens geschieht dies nicht durch eine religiöse Handlung, sondern durch die standesamtliche Trauung, die von ihrem Selbstverständnis her weltanschaulich neutral sein muss und auch ist" (Demel, Die sakramentale Ehe, 69).

Ähnlich wie wir es bereits im Fall der Sakramente des Christwerdens besprochen haben (vgl. GKL 2/S. 89–91), bietet sich angesichts der verwickelten Situation für die Zukunft wohl ein gestuftes Verständnis von der Sakramentalität der Ehe mit den entsprechenden pastoralen und speziell liturgischen Konsequenzen an. In einer ersten Stufe könnte die Kirche zivil geschlossene Ehen zwischen Getauften insofern als gültig anerkennen, als kein Ehehindernis vorliegt und der Staat sich zu den Wesenseigenschaften der Einheit und Unauflöslichkeit bekennt. Die Ehepartner bejahen dann diese in der Schöpfungsordnung enthaltenen Sinnziele der Ehe in der staatlichen Trauung. Eine solche Ehe wäre in dem weiteren Sinne sakramental, dass sie die von Gott aus Liebe gewollte Ordnung der Schöpfung und seinen Bund mit den Menschen zumindest implizit abbildet. Auf einer zweiten Stufe erklären sich Eheleute darüber hinaus bereit, als Getaufte in der Nachfolge Jesu Christi zu leben und sich mit allen ihren Lebensvollzügen zu ihm als Erlöser der Welt zu bekennen. Sie sind von dieser Ausgangslage her dazu *verpflichtet*, ein ausdrücklich sakramentales Zeichen für die Treuebindung untereinander und damit mit Jesus Christus und seiner Kirche zu setzen. Dies geschieht in der entsprechenden liturgischen Feier, in der sie vor Gott und der Kirche die Pflichten eines sakramental verheirateten Paares übernehmen und dadurch auch der entsprechenden Rechte teilhaftig werden. Das Konzept der Formpflicht bleibt also in diesem Modell in abgewandelter Weise erhalten.

Die Kirchenrechtlerin Sabine Demel fasst den Ansatz, beim Ehesakrament zwei Stufen zu unterscheiden, so zusammen: „Die erste Stufe, die man als anfanghaft sakramental bezeichnen könnte, und die zweite Stufe, die das Vollsakrament der Ehe darstellt, unterscheiden sich durch ihre Dichte und Explizität als Abbild der Liebe Gottes zu den Menschen bzw. zur Kirche. Die erste Stufe des Ehesakraments ist ein Abbild der schöpfungsmäßigen Liebe und Treue Gottes zu den Menschen; die zweite Stufe ist *das* Abbild der in Tod und Auferstehung Jesu Christi geschenkten Liebe und Treue Gottes zu seiner Kirche." (Demel, Die sakramentale Ehe, 74f).

Insgesamt ergäbe sich für die kirchenrechtliche, pastorale und speziell liturgische Praxis aus einem zweistufigen Verständnis des Ehesakramentes folgender Rahmen (vgl. Demel, Die sakramentale Ehe, 81):

	rein katholisches Paar	rein katholisches, aber formal abgefallenes Paar	bekenntnisverschiedenes Paar	religionsverschiedenes Paar
standesamtliche Trauung – ohne Dispens	zivilrechtlich gültig kirchenrechtlich ungültig**	zivilrechtlich gültig kirchenrechtlich gültig (anfanghaft sakramental)***	zivilrechtlich gültig kirchenrechtlich ungültig**	zivilrechtlich gültig kirchenrechtlich gültig
– mit Dispens	zivilrechtlich gültig kirchenrechtlich gültig (anfanghaft sakramental)**	–	zivilrechtlich gültig kirchenrechtlich gültig (anfanghaft sakramental)**	
kirchliche Trauung	kirchenrechtlich gültig („voll"-)sakramental	(„voll"-)sakramental	kirchenrechtlich gültig („voll"-)sakramental	
pastorale/ liturgische Handlungen	** je nach Situation Möglichkeit, an einem „Ehekatechumenat" teilzunehmen, der in die sakramentale Trauung mündet; liturgische Begleitung durch Stufenfeiern/Segnungen		*** Angebot, sich wieder neu mit dem Glauben zu beschäftigen, und dann ggf. wieder in die volle Kirchengliedschaft zurückzukehren sowie anschließend in einen „Ehekatechumenat" einzutreten; ggf. Segnungsfeier	

Modell des zweistufigen Ehesakramentes

Die Tabelle zeigt auf, dass das Modell eines gestuften Ehesakramentes in Theologie, Pastoral, liturgischer und kirchenrechtlicher Praxis einige Klärungen bringt:

Innerhalb eines gestuften Verständnisses vom Ehesakrament ergeben sich gegenüber dem geltenden Modell folgende Vorteile:
- **Der Empfang des Ehesakramentes im vollen Sinne hängt nicht mehr nur am Getauftsein der Brautleute, sondern auch am positiven Glauben der Einzelnen. Dieser Glaube kann – analog zur Vorbereitung auf die Taufe (vgl. GKL 2/Kap. 2) – in einer Art Ehekatechumenat (vgl. Papst Johannes Paul II., Apostolisches Schreiben Familiaris Consortio vom 22. November 1981, besonders Nr. 66) geweckt und gefördert werden.**
- **Das einzelne christliche Paar steht nicht mehr vor der ausschließlichen Alternative, entweder kirchlich gültig und („voll"-)sakramental zu heiraten oder keine („voll"-) sakramentale und damit eine kirchlich ungültige Ehe einzugehen. Z. B. so genannte „Taufscheinchristen" bzw. der Kirche faktisch fernstehende Katholiken, die (vorläufig noch) keine („voll"-)sakramentale Ehe eingehen wollen, brauchen nicht gegen ihre Überzeugung das Sakrament zu feiern oder aus kirchenrechtlicher Sicht unehelich zusammenzuleben. Die Kirche könnte ihre zivilrechtliche Ehe als gültig anerkennen.**
- **Für Christen, die sich bereits enger mit Gott und der Kirche verbunden fühlen, sich aber noch nicht in der Lage sehen, die Vollform des Sakramentes zu feiern, wäre die Gestaltung von Segensfeiern – ebenfalls in Analogie zum Katechumenat – denkbar, „in der die Kirche einerseits zum Ausdruck bringt, dass sie die Entscheidung der Eheleute zu einer christlichen Ehe ernst nimmt und würdigt, andererseits aber deutlich macht, dass es sich hierbei (noch) nicht um die Feier des Ehesakramentes handelt, weshalb auch das Erfragen und Bekunden des Ehewillens fehlt" (Demel, Die sakramentale Ehe, 78).**

- Die Kirche würde gegenüber den an sie herangetragenen Wünschen nach einer kirchlichen Eheschließung mehr differenzieren können. Analog zur Taufe wäre es möglich, differenzierte Zugangswege zum Sakrament bzw. seiner Vorform zu eröffnen und dadurch sowohl dem Glauben der Einzelnen als auch den sakramententheologischen Vorgaben gerecht zu werden. Derzeit ist ein solcher „Trauaufschub" pastoral und rechtlich zumindest bei rein katholischen Paaren nicht zu verantworten, da man ihnen jedwede Möglichkeit auf eine kirchlich anerkannte Ehe verwehrt.
- In ökumenischer Hinsicht ergeben sich zumindest zwei Fortschritte:
  - Zwei evangelische Christen, die standesamtlich geheiratet haben, gelten im Stufenmodell nicht mehr als („voll"-)sakramental verbundene Eheleute. Das bisherige Konzept hat zur Folge, dass im Falle einer Scheidung, die kirchlich anerkannt wird, zwar aus evangelischer Sicht eine Wiederheirat möglich ist, nicht aber nach katholischem Verständnis. Etwa die Ehe zwischen einem geschiedenen evangelischen Christen und einer bisher unverheirateten Katholikin wird bisher evangelisch als gültig, katholisch aber als ungültig bzw. nichtig betrachtet. Innerhalb des vorgeschlagenen Konzeptes würde hingegen die rein evangelische Ehe als nicht („voll"-)sakramental und damit auch als nicht absolut unauflöslich eingestuft; die skizzierten Probleme wären vermieden.
  - Ähnlich positive Folgen ergeben sich hinsichtlich der Verhältnisbestimmung von katholischem und orthodoxem Konzept der Ehe (vgl. zu letzterem: Kallis, Orthodoxe Trauung): Die orthodoxe Liturgie unterscheidet zwischen dem Vollzug der ehestiftenden Erklärung des Ehekonsenses durch die Brautleute und der so genannten „Ehekrönung" als dem eigentlichen liturgisch-sakramentalen Handlungsgefüge, das durch einen Priester geleitet wird. Durch das Stufenmodell wird die orthodoxe Absicht nachvollzogen, die Unterscheidung und das Zuein-

> ander der sozialen, grundmenschlichen Dimension der Ehe einerseits und deren heilsgeschichtlicher Interpretation andererseits liturgisch zu veranschaulichen. Hier könnten im Übrigen katholische und orthodoxe Ehetheologie und -praxis wiederum mit der evangelischen Vorstellung zusammenkommen, gemäß der dankbare Freude an der Schöpfungsordnung und von Gott erhoffte Heiligung aller Lebensvollzüge durch seinen Segen deutlich zu trennen, aber auch in ihrer Verwiesenheit aufeinander wahrzunehmen sind.

Gerade hinsichtlich der liturgischen Feier des Ehesakramentes ist das im ersten Grundkursband vorgestellte Axiom „lex orandi – lex credendi – lex agendi" (vgl. GKL 1/S. 82–85; 92) also heute mehr denn je Richtschnur für die Aufgabe, gottesdienstliche Feier, pastorale und kirchenrechtliche Praxis sowie das menschliche Leben in seiner Buntheit und Vielfalt einander anzunähern. Nur so erfahren Menschen – in der und durch die Gemeinschaft der Kirche – auf ihren je eigenen Lebenswegen Gottes segensreiches Wirken und nur so wird eine im biblischen Glauben wurzelnde Ehe wirklich zum Zeichen für die zärtliche Nähe und unverbrüchliche Treue Gottes!

4 „Und reichst du uns den schweren Kelch, den bittern ...":
Gottes Zuspruch in Krankheit und Tod

Nicht nur in den Hoch-Zeiten des menschlichen Lebens, wie wir im vorausgegangenen Kapitel gesehen haben, weiß sich der getaufte Christ von Gott nicht allein gelassen. Gottes verheißungsvoller Zuspruch, dass er der Gott des Lebens ist, gilt auch und gerade in den vielfältigen Momenten körperlicher und geistiger Anfechtung. Und ganz besonders bedürfen wir als sterbliche Menschen des Segens Gottes in den Momenten von Krankheit und Tod. Auch für diese extremen Momente menschlicher Existenz sind liturgische Feiern vorgesehen, denen wir uns im Folgenden zuwenden wollen.

4.1 Die Geschichte der Krankensakramente

Die Salbung mit Öl ist schon in der Heiligen Schrift ein Zeichen der Stärkung und Kräftigung. Als ein solches Zeichen etwa der Abwehr von Dämonen haben wir das Öl auch schon im Kontext der Feiern des Christwerdens kennen gelernt (vgl. GKL 2/S. 43 ff.).

Das Neue Testament beschreibt Jesus als einen Freund der Kranken. Er lässt die Kranken in ihrem Elend nicht im Stich, ganz im Gegenteil, er wendet sich ihnen vielmehr zu und zeigt diese Zuwendung auch in Gesten und Berührungen. Schließlich gibt Jesus seinen Jüngern sogar den ausdrücklichen Auftrag, die Kranken mit Öl zu salben und ihnen die Hände aufzulegen:

> **Mk 6,12.13**
>
> Die Zwölf machten sich auf den Weg und riefen die Menschen zur Umkehr auf. Sie trieben viele Dämonen aus und salbten viele Kranke mit Öl und heilten sie.

Mk 16,17.18

Und durch die, die zum Glauben gekommen sind, werden folgende Zeichen geschehen: In meinem Namen werden sie Dämonen austreiben [...] und die Kranken, denen sie die Hände auflegen, werden gesund werden.

Diese Praxis hat sich anscheinend schon sehr früh in den apostolischen Gemeinden durchgesetzt, denn bereits im Jakobus-Brief finden wir einen Bezug hierauf. Es heißt dort:

Jak 5,14 f

Ist einer von euch krank? Dann rufe er die Ältesten der Gemeinde zu sich; sie sollen Gebete über ihn sprechen und ihn im Namen des Herrn mit Öl salben. Das gläubige Gebet wird den Kranken retten und der Herr wird ihn aufrichten; wenn er Sünden begangen hat, werden sie ihm vergeben.

In der schon häufig zitierten *Traditio Apostolica* findet sich bereits um das Jahr 200 n. Chr. ein Gebet zur Weihe des Krankenöls:

Traditio Apostolica, Kap. 5

Heilige dieses Öl, Gott, und gib denen Heiligkeit, die damit gesalbt werden und es empfangen. Wie du damit Könige, Priester und Propheten gesalbt hast, so schenke Stärkung denen, die davon kosten und Gesundheit denen, die es gebrauchen.

Offensichtlich geht es zur Zeit der frühen Kirche bei der Salbung der Kranken um ein Zeichen der Heilung. Ziel ist das Gesundwerden des Kranken. Freilich in einem umfassenden Sinn, denn auch zur damaligen Zeit wusste man ohne präzisere Kenntnisse über psychosomatische Prozesse, dass das Phänomen der Krankheit immer Leib und Seele betrifft und der Kranke demnach an Leib und Seele der aufrichtenden Zuwendung Gottes bedarf.

Von einem Sakrament des Todes, von einer Todesweihe oder

einem Sterbe-Ritual ist hingegen an keiner Stelle die Rede. Auch konnte die Salbung mit dem Öl von Laien vorgenommen werden: Denn wichtig war ja nicht allein die Salbung mit Öl, was man noch magisch hätte missverstehen können, sondern diese Salbung erfolgte mit Gebeten, wie es schon im Jakobus-Brief heißt. Wie bei allen sakramentalen Vollzügen gehören die verbale Ebene (das an Gott gerichtete Gebet mit dem Zuspruch, dass Gott das Heil des Menschen will, und mit der konkreten Bitte um Heilung) und die nonverbale Zeichenhandlung (die Salbung mit Öl) eng zusammen.

Ab der Zeit der karolingischen Liturgiereform, also etwa ab dem 8./9. Jahrhundert, verändert sich das Sakrament der Krankensalbung. Die Vorschriften für die Priester, denen nun die Spendung des Sakramentes vorbehalten bleibt, werden detaillierter. Der theologische Schwerpunkt verlagert sich: Schon in Jak 5,15 heißt es, freilich erst im Nachsatz: „wenn er Sünden begangen hat, werden sie ihm vergeben". Der Aspekt der Sündenvergebung tritt nun in den Vordergrund: Die Krankensalbung wird Teil der Krankenbuße. Da aber die Bußwerke, die je nach der Schwere der begangenen Schuld auferlegt wurden, immer umfangreicher wurden, entwickelte sich die Krankensalbung gleichsam zu einer „ultima ratio", zu einem Sakrament, das nur im äußersten Notfall in Anspruch genommen wurde: also in der Gefahr des nahen Todes.

Hiervon zeugt auch der Name „Letzte Ölung", der etwa ab dem 12. Jahrhundert für die Krankensalbung verwendet wird, wobei sich das Wort „letzte" eigentlich nur rein chronologisch auf die Reihenfolge der Salbungen im Leben eines Christenmenschen bezieht: Taufe, Firmung, evtl. Priesterweihe und dann, eben als die „letzte" Salbung, die Krankensalbung.

Die Theologie der Hochscholastik trägt dem Rechnung und betrachtet das Sakrament, das ursprünglich zur Stärkung der Kranken gedacht war, nun als ein Sakrament für Sterbende. Insofern wurde aus einem Sakrament, das eigentlich den Kranken aufrichten und stärken soll, eine Art Sakrament des Todes, das folglich auch eher gefürchtet wurde, als dass es als ein Zeichen des Zuspruchs Gottes wahrgenommen werden konnte: Wer die letzte Ölung erhalten hatte, war bereit, mit dem Leben abzuschließen und zu sterben.

Erst im Zuge der liturgischen Erneuerung im 20. Jahrhundert beginnt eine Rückbesinnung darauf, dass die Sinngestalt des Sakramentes der Krankensalbung nicht die Vorbereitung auf den möglichst nahen Tod ist, sondern dass es sich um ein Zeichen der Nähe Gottes in Zeiten körperlicher und seelischer Anfechtung handelt.

4.2. Die liturgische Ordnung der Krankensakramente nach dem II. Vatikanischen Konzil

Nach der Liturgiekonstitution *Sacrosanctum Concilium*, Art. 73, ist die Krankensalbung das eigentliche Krankensakrament:

> **SC, Art. 73**
>
> Die „Letzte Ölung", die auch – und zwar besser – „Krankensalbung" genannt werden kann, ist nicht nur das Sakrament derer, die sich in Lebensgefahr befinden. Daher ist der rechte Augenblick für ihren Empfang sicher schon gegeben, wenn der Gläubige beginnt, wegen Krankheit oder Altersschwäche in Lebensgefahr zu geraten.

In den Kontext der Krankensakramente gehören dabei aber auch das Bußsakrament („Feier der Versöhnung") und die Krankenkommunion (vgl. auch LG, Art. 11). Die nachkonziliare, reformierte liturgische Ordnung findet sich in der deutschsprachigen Ausgabe: „Die Feier der Krankensakramente". In diesem Band, im Jahr 1994 in zweiter Auflage erschienen, finden sich neben der „Feier der Krankensalbung" (mit einem/einer Kranken; mit mehreren, auch innerhalb einer Eucharistiefeier, dann mit Kommunion unter beiderlei Gestalten) auch noch liturgische Formulare für den Krankenbesuch (Wortgottesdienst mit Segnung des Kranken, Gebete mit Kranken), die Krankenkommunion (als Hausgottesdienst), und für den Versehgang im Angesicht des Todes, wobei dort die Krankensakramente wieder in der ursprünglichen und theologisch angemessenen Reihenfolge geordnet sind: Bußsakrament, Krankensalbung, Viaticum/Wegzehrung (vgl. SC, Art. 74).

Bereits in den 80er Jahren des 20. Jahrhunderts wurde im Hinblick auf die nachvatikanische liturgische Ordnung u. a. von dem mittlerweile emeritierten Freiburger Dogmatiker Gisbert Greshake eine Diskussion angestoßen, ob die Bezeichnung „Letzte Ölung" nicht doch die theologisch angemessenere Bezeichnung für das Sakrament der Krankensalbung sei. Greshake hat seine Thesen mehrmals modifiziert und zuletzt in einem Artikel für die Neuauflage des „Lexikons für Theologie und Kirche" noch einmal kurz zusammengefasst. Er geht zunächst davon aus, dass Krankheit, Sünde und Tod in der Heiligen Schrift ein einziges „Syndrom" bilden, so dass der Mensch in der Krankheit oder in hohem Alter seine Endlichkeit erfährt. Greshake bezieht sich nun auf die „Pastorale Einführung" der Deutschen Bischöfe zur „Feier der Krankensakramente", wo von Krankheit als einer „Erschütterung des gesamtmenschlichen Befindens" gesprochen wird. Gerade in dieser Situation sei nun die Krankensalbung geeignet, so Greshake im Rückbezug auf die Dogmatische Konstitution über die Kirche *Lumen Gentium*, Art. 11, die Begegnung der Kranken mit Christus als dem Heiland zu vermitteln:

LG, Art. 11

Durch die heilige Krankensalbung und das Gebet der Priester empfiehlt die ganze Kirche die Kranken dem leidenden und verherrlichten Herrn, dass er sie aufrichte und rette (Jak 5,14–18), ja sie ermahnt sie, sich bewusst dem Leiden und dem Tode Christi zu vereinigen (vgl. Röm 8,17; Kol 1,24; 2 Tim 2,11–12; 1 Petr 4,13) und so zum Wohle des Gottesvolkes beizutragen.

Greshake deutet nun die Krankensalbung als eine Art der „Tauferneuerung" im Angesicht des Todes, eine „Tauferneuerung" in jener krisenhaften Situation, in der der Mensch mit den Grenzen seines Lebens konfrontiert wird. Für Greshake ist damit die Alternative zwischen der Bezeichnung „Krankensalbung" und „Letzter Ölung" hinfällig. Denn „Krankheit" im theologischen Sinn meint, so Greshake, weder nur die seelische noch nur die körperliche Krankheit, und die Krankensalbung richtet sich nicht nur auf eine Gesundung des Leibes, sondern auf eine Stärkung an Leib und Seele durch die Begegnung im Sakrament mit Jesus Christus.

Nun klingen die Überlegungen Greshakes, die im Bereich der systematischen Theologie durchaus rezipiert wurden, zunächst sehr plausibel. Dennoch ergeben sich aus der Perspektive der gefeierten Liturgie und der Liturgiewissenschaft einige Fragen:

> **?** **Hilft der Gedanke der „Tauferneuerung" an dieser Stelle wirklich weiter, um das Sakrament der Krankensalbung besser verstehen zu können?**

Dazu ist es notwendig, den Sinngehalt dieses Sakramentes zu verstehen; anders gefragt: Entspricht der Gedanke einer „Tauferneuerung" im Angesicht des Todes als Sinngehalt wirklich der Feiergestalt des Sakramentes? Finden wir diesen Gedanken also auch in den liturgischen Texten, Gebeten, Zeichenhandlungen? Oder wird hier ein theologischer Gedanke der gefeierten Liturgie gleichsam „aufgepfropft", der der konkreten liturgischen Feier eigentlich fremd ist?

Zur Frage der „Tauferneuerung" angesichts des Todes

Zunächst müssen wir an dieser Stelle den Begriff der „Tauferneuerung" hinterfragen. Wie wir bereits in Band 2 und Band 4 des Grundkurses gesehen hatten, lässt sich die Taufe nicht einfach wiederholen, wohl aber lässt sich an die Taufe erinnern, wir können ein Gedächtnis der einen unwiederholbaren Taufe feiern.

Insofern ist schon der Begriff der „Tauferneuerung" höchst missverständlich. Denn inwiefern soll gerade angesichts des Todes möglich sein, was doch auch sonst formal wie inhaltlich schwierig zu verstehen und zu fassen ist: Was ist eine Erneuerung der Taufe? Erneuert werden kann doch wohl nur das Taufversprechen, was wiederum eine uneindeutige Redeweise darstellt, denn eigentlich geht es schlicht um eine (feierliche) Erneuerung des Bekenntnisses zum Taufglauben, wie sie etwa alljährlich in der Feier der Osternacht geschieht. Dann bleibt aber zu fragen, inwiefern gerade in der Situation der Krankheit eine solche Erneuerung des Taufbekenntnisses – gleichsam außerhalb der Reihe – angeraten ist.

Die Tradition jedenfalls kennt eine solche Erneuerung des Taufversprechens in persönlichen, krankheitsbedingten Krisensituationen nicht. Aber auch vor dem Hintergrund der ganz konkreten menschlichen Situation ist zu fragen, ob ausgerechnet die Situation der Krankheit, eine Situation, die, so die „Pastorale Einführung" der Bischöfe des deutschen Sprachgebietes, „tiefe Niedergeschlagenheit, Krisen,

Verzweiflung, ja das Gefühl der Ausweglosigkeit auslösen kann" (Nr. 1), die angemessene Situation für einen solchen Ritus wäre.

Wohl ist darüber nachzudenken, inwieweit im Rahmen der Sterbesakramente, in deren dreigliedrigem Ablauf, bestehend aus Bußsakrament, Krankensalbung und Wegzehrung in Todesgefahr, das am Beginn der Sterbesakramente stehende Bußsakrament nicht durchaus die Funktion einer Erneuerung des Taufbekenntnisses einnimmt. In Band 4 des Grundkurses hatten wir ja deutlich dafür plädiert, die Feier der Versöhnung mit ihren klaren inhaltlichen Bezügen zur Taufe deutlich als Feier des Taufgedächtnisses zu verstehen (GKL 4/S. 78 ff.).

Der Krankensalbung, die ja eben, so die Sinnspitze der nachkonziliaren Reform, nicht mehr als „Todesweihe" missverstanden werden soll, lässt sich jedenfalls die Funktion eines Ritus der Erneuerung des Taufversprechens nicht attestieren. Die Krankensalbung soll ja nach der nachkonziliaren Ordnung möglichst frühzeitig gefeiert werden, und gerade nicht erst im Angesicht des Todes. Die Feier der Krankensalbung erscheint vielmehr angemessen in allen Situationen einer ernsten Krankheit, und es wird nachdrücklich geraten, dass an der Liturgie der Krankensalbung, die ja Liturgie der Kirche ist, auch die Angehörigen des Kranken oder etwa begleitende Personen, wie in einem Krankenhaus die Ärzte oder das Pflegepersonal, teilnehmen.

Das Verhältnis von Sinngehalt und Feiergestalt bei der Feier der Krankensalbung

Wenn wir uns fragen, was denn der Sinngehalt der Feier der Krankensalbung ist, müssen wir hierzu einen Blick auf die gefeierte Liturgie selbst werfen, um so aus dem Material der Feiergestalt deren theologischen Sinngehalt zu erheben. Die Feier der Krankensalbung beginnt mit dem Reichen des Weihwassers und einem Deutewort, das sich in den Formen A, B und C ausdrücklich auf die Taufe bezieht, wenn es heißt:

> **Die Feier der Krankensalbung, Deutewort zum Weihwasser**
>
> A: Aus dem Wasser und dem Heiligen Geist hat Gott uns neues Leben geschenkt. Wir sind getauft im Namen des Vaters und des Sohnes und des Heiligen Geistes.

> B: Besprenge mich, Herr, und ich werde rein. Wasche ab meine Schuld, von meinen Sünden mache mich rein.
> C: Christus hat uns geliebt und sich für uns hingegeben. Im Wasser der Taufe hat er uns gereinigt und geheilt.

Im Anhang des liturgischen Buches finden sich zudem drei Segensgebete zur Segnung des Weihwassers (Anhang VI, Nr. 1, 245 ff.). Die Einleitung, die allen drei Gebeten vorangestellt ist, betont den Taufgedanken, wenn es heißt: „Wir bitten den Herrn, dass er dieses Wasser segne, mit dem wir uns bezeichnen. Das geweihte Wasser soll uns an die Taufe erinnern; Gott aber erneuere in uns seine Gnade, damit wir dem Geist treu bleiben, den wir empfangen haben" (ebd., 245). Allerdings wird in den Segensgebeten nur in Form B in der Fassung für die Osterzeit der Taufgedanke inhaltlich wieder aufgegriffen. In Form A und in Form B in der Fassung außerhalb der Osterzeit wird das Wasser als ein Element gedeutet, „das alles Unreine abwäscht", „Zeichen des Lebens und der Reinigung" ist, das „vor allem Bösen" bewahrt.

Hierauf folgt das eigentliche anamnetisch-epikletische Hochgebet der Feier der Krankensalbung. Analog zum Hochgebet bei der Feier der Taufe handelt es sich um einen Lobpreis und eine Anrufung Gottes über dem Öl:

Die Feier der Krankensalbung, Lobpreis und Anrufung Gottes über dem Öl (Hochgebet)

Zelebrant: Sei gepriesen, Gott, allmächtiger Vater: Für uns und zu unserem Heil hast du deinen Sohn in diese Welt gesandt. Wir loben dich.
Alle: Wir preisen dich.
Zelebrant: Sei gepriesen, Gott, eingeborener Sohn: Du bist in die Niedrigkeit unseres Menschenlebens gekommen, um unsere Krankheiten zu heilen. Wir loben dich.
Alle: Wir preisen dich.
Zelebrant: Sei gepriesen, Gott, Heiliger Geist, du unser Beistand: Du gibst uns Kraft und stärkst uns in den Gebrechlichkeiten unseres Leibes. Wir loben dich.

> Alle: Wir preisen dich.
> Zelebrant: Herr, schenke deinem Diener/deiner Dienerin, der/die mit diesem heiligen Öl in der Kraft des Glaubens gesalbt wird, Linderung seiner/ihrer Schmerzen und stärke ihn/sie in seiner/ihrer Schwäche. Durch Christus, unseren Herrn.
> Alle: Amen.

Das Hochgebet ist trinitarisch strukturiert. Es ruft im ersten anamnetischen Teil Gott Vater an, der seinen Sohn zum Heil der Menschen in die Welt gesandt hat. Der Sohn hat den Heilswillen des göttlichen Vaters in der Heilung von Kranken erwiesen. Schließlich ist es der Heilige Geist, der als Beistand angerufen wird. Im zweiten, epikletischen Teil des Hochgebetes, in der Bitte, betet die Kirche für den Kranken um Linderung der Schmerzen und Stärkung und Aufrichtung. Es lässt sich allerdings festhalten, dass das Hochgebet der Feier der Krankensalbung auf die Taufe inhaltlich überhaupt keinen Bezug nimmt.

Wenn kein durch den Bischof geweihtes Krankenöl vorhanden ist, weiht der Vorsteher das Öl mit dem nachfolgenden Gebet:

Die Feier der Krankensalbung, Gebet zur Weihe des Krankenöls

Herr und Gott, du Vater allen Trostes. Du hast deinen Sohn gesandt, den Kranken in ihren Leiden Heilung zu bringen. So bitten wir dich: Erhöre unser gläubiges Gebet. Sende deinen Heiligen Geist vom Himmel her auf dieses Salböl herab. Als Gabe der Schöpfung stärkt und belebt es den Leib. Durch deinen Segen + werde das geweihte Öl für alle, die wir damit salben, ein heiliges Zeichen deines Erbarmens, das Krankheit, Schmerz und Bedrängnis vertreibt, heilsam für den Leib, für Seele und Geist. Im Namen unseres Herrn Jesus Christus, der mit dir lebt und herrscht in alle Ewigkeit. Amen.

Im Weihegebet über das Öl finden sich ähnliche inhaltliche Motive wie im eigentlichen Hochgebet der Krankensalbung. Allerdings macht das Gebet auch noch einmal deutlich, dass es bei der Weihe des Öls nicht darum geht, dieses gleichsam magisch aufzuladen oder zu einem Wundermittel zu machen. Es ist der Segen Gottes, der durch das geweihte Öl am Kranken wirken soll. Gott handelt an den Menschen, auch in den schweren Stunden von Krankheit und Bedrängnis.

Es folgt nun die eigentliche Salbung mit dem Öl auf Stirn und Hände des Kranken. Auch im Deutewort zur Salbung findet sich kein inhaltlich-thematischer Bezug zur Taufe, wenn es dort zur Salbung der Stirn und der Hände heißt:

> **Die Feier der Krankensalbung, Deutewort zur Salbung**
>
> Zelebrant: Durch diese heilige Salbung helfe dir der Herr in seinem reichen Erbarmen, er stehe dir bei mit der Kraft des Heiligen Geistes:
> Alle: Amen.
> Zelebrant: Der Herr, der dich von den Sünden befreit, rette dich, in seiner Gnade richte er dich auf.
> Alle: Amen.

Und schließlich heißt es im „Gebet nach der Salbung":

> **Die Feier der Krankensalbung, Gebet nach der Salbung, Form A**
>
> Zelebrant: Wir bitten dich, Herr, unser Erlöser: Durch die Kraft des Heiligen Geistes hilf diesem/dieser Kranken in seiner/ihrer Schwachheit. Heile seine/ihre Wunden und verzeih ihm/ihr die Sünden. Nimm von ihm/ihr alle seelischen und körperlichen Schmerzen. In deinem Erbarmen richte ihn/sie auf und mache ihn/sie gesund an Leib und Seele, damit er/sie sich wiederum seinen/ihren Aufgaben widmen kann. Der du lebst und herrschest in alle Ewigkeit.
> Alle: Amen.

Auch in diesem Gebet nach der Salbung wird kein Bezug zur Taufe ersichtlich. Die Schwierigkeit besteht demnach darin, dass sich die Texte und Riten der Krankensalbung gegen eine Interpretation der Krankensalbung als Letzte Ölung, als Todesweihe oder als Ritus der Tauferneuerung an der Grenze des Lebens sperren. Zwar preisen die Texte das Erbarmen Gottes und bitten um Kraft und Stärke für den Kranken und betonen dabei durchaus auch den Aspekt der christlichen Heilssorge für die Kranken, aber sie tun dies gerade nicht im Hinblick auf einen nahen, unmittelbar bevorstehenden Tod und beziehen sich auch nicht unmittelbar auf die Taufe.

? Wie konnte es aber dazu kommen, die Krankensalbung über die Jahrhunderte hinweg so misszuverstehen, wenn die liturgischen Texte doch eindeutig sind?

Ein Grund mag darin bestehen, dass man bei der theologischen Interpretation des Sakramentes der Krankensalbung jene liturgischen Texte, die seit Jahrhunderten etwa zur Weihe des Krankenöls oder bei der eigentlichen Salbung verwendet werden, nicht genug zur Kenntnis genommen hat. Hier löste sich die theologische Interpretation von der konkreten liturgischen Feier und wurde damit weniger zur legitimen mystagogischen Erschließung des Sinngehaltes als vielmehr zur von der real gefeierten Liturgie abgehobenen theologischen Spekulation.

Natürlich ist jede Form von christlicher Liturgie immer Feier des Paschamysteriums Jesu Christi und damit auch Gedächtnis unserer Taufe, in der wir in das Paschamysterium mit hineingenommen wurden. Dies gilt dann im weitesten Sinne auch für die Krankensalbung, und dieser inhaltliche Aspekt könnte vielleicht, ohne eine tiefer greifende Änderung der Feiergestalt, allein durch die frei auszuwählenden Teile – wie Lieder, Gesänge, Lesungen – thematisch stärker unterstrichen werden. Das wäre dann allerdings nur eine theologisch legitime Akzentsetzung (neben anderen möglichen Akzentsetzungen) im Rahmen der ohnehin innerhalb der liturgischen Feierform vorgegebenen Auswahlmöglichkeiten.

Doch noch ein weiterer Aspekt ist zu bedenken. Wenn das II. Vatikanische Konzil in der Liturgiekonstitution den Namen des Sakramentes bewusst mit „Krankensalbung" benennt, handelt es sich ja nicht um eine willkürliche Änderung des Namens. Vielmehr wird hier eine bewusste liturgietheologische Akzentsetzung vorgenommen, die auch einen Wandel im theologischen Verständnis des Sakramentes markiert. Letztlich ist die Norm, an der sich die Feier der Liturgie zu orientieren hat, neben der lebendigen liturgischen Tradition der Kirche immer auch das Zeugnis der Schrift. So handelt es sich bei den Gebeten der Krankensalbung um eine biblisch begründete Gebetstradition, die sogar mit einem Zitat von Jak 5,14 beginnt – eine Tradition, die sich, wie wir gesehen haben, sogar bis zur *Traditio Apostolica*, Kap. 5 zurückverfolgen lässt.

Gerade auch die Begleitworte zur Salbung im nachkonziliaren Ritus wurden so formuliert, dass sie die Wirkungen des Sakraments in bewusster Anspielung auf Jak 5,15 deutlicher zum Ausdruck bringen. Die Norm, auf die sich die liturgische Erneuerung des II. Vatikanischen Konzils beruft, ist also keine willkürliche, sondern die Norm der Schrift.

Die liturgische Feier trägt die Bezeichnung „Krankensalbung" demnach zu Recht, weil dieser Name dem Zeugnis der Schrift in Jak 5,14f eher entspricht als Bezeichnungen wie „Todesweihe" oder „Letzte Ölung". So argumentiert auch Papst Paul VI. in der dem Ritual vorangestellten „Apostolischen Konstitution über das Sakrament der Krankensalbung":

> **Paul VI., Apostolische Konstitution über das Sakrament der Krankensalbung**
>
> „Wir haben beschlossen, die sakramentale Formel so zu ändern, dass unter Verwendung der Worte des hl. Jakobus die sakramentalen Wirkungen deutlicher zum Ausdruck gebracht werden."

Und ebenso formulieren die deutschen Bischöfe in der „Pastoralen Einführung":

> **Die Feier der Krankensakramente, Pastorale Einführung, Nr. 21**
>
> „Seit den Tagen der Apostel feiert die Kirche die Krankensalbung als eine sakramentale Begegnung mit Christus, die für den ernsthaft erkrankten Menschen bestimmt ist. Der Jakobusbrief bezeugt die Feier dieses Sakramentes (Jak 5,14f.)."

4.3 Ein Taufgedächtnis im Angesicht des Todes – Die Feier der Sterbesakramente

Durch die Anfragen an die Feier der Krankensalbung wurde ein Problemfeld berührt, auf das an dieser Stelle wenigstens noch kurz einzugehen ist: die Frage des Taufgedächtnisses im Angesicht des Todes. Die im vorausgegangenen Unterpunkt angeregten Überlegungen bieten einen Impuls zum Nachdenken über die österliche Dimension des Glaubens gerade auch im Angesicht des Todes. Diese österliche Dimension kann durchaus auch in Form einer Feier der Tauferinnerung zum Ausdruck kommen. Denn im Angesicht des sicheren Todes stellt sich die Frage noch einmal ganz existenziell:

? Welcher Art ist die Hoffnung, die einen Christen erfüllt, wenn es mit dem irdischen Leben zu Ende und ans Sterben geht? Welche Formen des Taufgedächtnisses oder der Erneuerung des Taufversprechens gibt es für den getauften Christen im Angesicht des Todes? Wie ist deren rituelle Gestalt? Wie ist ihr Sinngehalt?

Werfen wir hierzu noch einmal einen Blick in die „Feier der Krankensakramente". Auch wenn die Sterbesakramente – bestehend aus: Buße, Krankensalbung, Wegzehrung – formal wie inhaltlich zu den Krankensakramenten gehören, wollen wir sie doch hier in einem eigenen Unterpunkt behandeln, weil die Frage des Taufgedächtnisses im Angesicht des Todes eine besondere Bedeutung zu haben scheint. Allerdings ist hier zu betonen, dass bei der „Feier der Sterbesakramente" die drei an sich eigenständigen Sakramente (Buße, Krankensalbung, Eucharistie), die sonst im Fall eines länger andauernden Prozesses einer schwerwiegenden Krankheit einander nachfolgen können oder auch unabhängig voneinander gefeiert werden, hier in einer liturgischen Feier gleichsam in besonders verdichteter Form vorliegen.

Die Feier der Sterbesakramente beginnt mit dem Reichen des Weihwassers und einem Deutewort, das sich in beiden Formen A und C ausdrücklich auf die Taufe bezieht, wenn es heißt:

> **Die Feier der Krankensalbung, Deutewort beim Reichen des Weihwassers (S. 118)**
>
> A: Aus dem Wasser und dem Heiligen Geist hat Gott uns neues Leben geschenkt. Wir sind getauft im Namen des Vaters und des Sohnes und des Heiligen Geistes.
> C: Christus hat uns geliebt und sich für uns hingegeben. Im Wasser der Taufe hat er uns gereinigt und geheilt.

Bei der Feier der „Wegzehrung außerhalb der Messfeier" ist unter Form D als Deutewort zum Weihwasser zusätzlich Röm 6,3.5 angefügt:

> **Röm 6,3.5**
>
> Wisst ihr nicht, dass wir alle, die wir auf Christus Jesus getauft wurden, auf seinen Tod getauft worden sind? Wenn wir ihm gleich geworden sind in seinem Tod, dann werden wir mit ihm auch in seiner Auferstehung vereinigt sein.

Bei der Feier der Buße ist neben dem Schuldbekenntnis (Form A) auch das Beten von Psalm 51 (Form B) zur Auswahl gestellt. Gerade wenn der Psalm aus dem Kontext der Feier des sonntäglichen Taufgedächtnisses bekannt ist (vgl. GKL 4/S. 114 ff.), handelt es sich hierbei um ein sinnvolles Element, welches das Bekenntnis der eigenen Sündhaftigkeit mit dem Gedächtnis an die eigene Taufe verbindet.

Nach der Erteilung des „Ablasses in der Sterbestunde" folgt das Glaubensbekenntnis, und zwar in der Form des Taufbekenntnisses mit dreimaligem Fragen, auf das der Kranke antwortet mit: „Ich glaube." Die dazugehörige Rubrik merkt hierzu an: „Vor dem Empfang der Wegzehrung soll der/die Kranke nach Möglichkeit das Bekenntnis des Glaubens, auf den er/sie getauft ist, erneuern. Dazu kann die Sterbekerze (Taufkerze, Osterkerze) entzündet werden. Der Priester weist kurz darauf hin."

Hier findet sich also tatsächlich ein Ritus der Erneuerung des Taufbekenntnisses im Angesicht des Todes, der dazu noch durch das Anzünden der – im Idealfall – Taufkerze eindrucksvoll unterstrichen wird. Der Liturgiewissenschaftler Reiner Kaczynski betont die besondere Bedeutung dieses Ritus, wenn „der Sterbende bei der Feier seiner letzten Kommunion sich erneut zum Taufglauben bekennt, wie er es auch bei der Feier der Firmung, der ersten Kommunion und in der jährlichen Osternachtfeier getan hat. Das in der Taufe aufgrund des Glaubens Begonnene soll im Sterben aus dem Glauben zur Vollendung kommen. […] Neben den Worten des Gebets und der Schriftlesung sind die anderen Zeichen zu beachten, die eine Verbindung herstellen wollen zwischen dem Anfang des Lebens in Christus und den letzten Augenblicken des irdischen Lebens, das in das Leben der Vollendung in Christus übergehen soll: Das Kreuzzeichen, das man dem Sterbenden auf die Stirn zeichnet, wie es zum ersten Mal bei seiner Taufe geschah; die Sterbekerze, die neben seinem Lager brennt und an die Taufkerze erinnert. [Kaczynski, Die Sterbe- und Begräbnisliturgie, 221 f.].

Wenn der Kranke noch nicht gefirmt ist und das Sakrament der Firmung empfangen möchte, folgt die Feier der Firmung im Anschluss an die Erneuerung des Taufbekenntnisses. Es schließt sich die Krankensalbung an in Form von Handauflegung, Lobpreis und Anrufung Gottes über dem Öl und der Salbung von Stirn und Händen.

Das Vaterunser und „Seht das Lamm Gottes" eröffnen das Viaticum / die Wegzehrung. Nach dem Empfang der Kommunion beschließen ein Gebet und der Schlusssegen die liturgische Feier. Die drei Orationen zur Auswahl thematisieren alle die Stärkung des Kranken durch die Gabe der Eucharistie. Sie bitten um Hoffnung, Kraft, Trost und Zuversicht auf dem „wahren Weg zum Leben", in das Reich Gottes, „wo alles Licht und Leben ist" [144 f.]. Die abschließende Rubrik rät dazu an, dass der Vorsteher und die Anwesenden dem Sterbenden „ein Zeichen der Liebe und des Friedens geben".

Wenn es in den „Pastoralen Vorbemerkungen" der deutschen Bischöfe ausdrücklich heißt, dass die Verwandten und Mitglieder der Gemeinde bei der Feier der Sterbesakramente anwesend sein dürfen und sollen, so kann die Feier der Sterbesakramente durch die vielfältigen Bezugspunkte zur Taufe nicht ausschließlich nur für den Sterbenden, sondern für alle Beteiligten eine sehr existenziell-berührende Form des Taufgedächtnisses sein.

Die Feier der Sterbesakramente macht deutlich, dass die christliche Initiation, die Feier der Eingliederung in die Kirche, ein lebenslanger Prozess ist, der zu Lebzeiten niemals abgeschlossen ist, sondern eben ein Leben lang währt. Die Vollendung findet die christliche Initiation erst im Tod. Der Tod ist somit Anlass für eine letztgültige Form der Tauferinnerung, ist Anlass für die dichteste Gestalt der Tauferneuerung, denn im Tod werden wir mit Christus sterben und begraben, um so mit ihm aufzuerstehen (Röm 6).

4.4 Die Begräbnisfeier

In der „Pastoralen Einführung" zur nachkonziliaren Ordnung „Die Begräbnisfeier" heißt es in Nr. 3.: „Besonders in der Taufe und in der Eucharistie wird der Christ mit dem Herrn vereint und gewinnt Anteil an Christi Tod und Auferstehung. Im Sterben vollendet sich, was im Leben sakramental grundgelegt wurde." Dieser Gedanke wird in Nr. 6 nochmals konkretisiert, wenn es dort heißt:

> **Die Begräbnisfeier, Pastorale Einführung, Nr. 6**
>
> Beim Begräbnis erweist die Gemeinde dem Verstorbenen einen Dienst brüderlicher Liebe und ehrt den Leib, der in der Taufe Tempel des Heiligen Geistes geworden ist. Sie gedenkt dabei des Todes und der Auferstehung des Herrn, sie erwartet in gläubiger Hoffnung die Wiederkunft Christi und die Auferstehung der Toten. So ist die Begräbnisfeier Verkündigung der Osterbotschaft.

Schon in der Liturgiekonstitution wurde deutlich, dass es ein Leitgedanke der nachkonziliaren Reform der Begräbnisliturgie sein sollte, den österlichen Gedanken stärker zu betonen.

> **SC, Art. 81**
>
> Der Ritus der Exsequien soll deutlicher den österlichen Sinn des christlichen Todes ausdrücken und besser den Voraussetzungen und Überlieferungen der einzelnen Gebiete entsprechen, auch was die liturgische Farbe betrifft.

In diesem Sinn wurden in der Ordnung des Begräbnisses die Texte und rituellen Elemente so überarbeitet, dass die österliche Sinngestalt in der Feiergestalt besser zum Ausdruck kommt. Denn wenn die christliche Gemeinde ein Begräbnis feiert, so feiert sie in der Liturgie das Paschamysterium Jesu Christi, in welches der Verstorbene durch die Taufe mit hineingenommen ist: durch den Tod hinein in das neue Leben in Jesus Christus. Dies wird rituell deutlich zunächst in der Kirche durch die Betonung der Bedeutung der Osterkerze. In der „Pastoralen Einführung" heißt es hierzu:

Pastorale Einführung, Nr. 32

Bei der Feier in der Kirche soll die Osterkerze an einem gut sichtbaren Platz aufgestellt werden, um so den Zusammenhang zwischen Taufe, Sterben und Auferstehen der Gläubigen mit der Auferstehung Christi sichtbar zu machen.

Am deutlichsten ist der Bezug zur Taufe allerdings bei der Grablegung selbst erfahrbar. Nachdem der Sarg ins Grab gesenkt wurde, besprengt der Vorsteher diesen mit Weihwasser, so wie auch wir es tun, wenn wir etwa an Allerseelen die Gräber unserer Angehörigen besuchen; das deutende Begleitwort hierzu lautet: „Im Wasser und im Heiligen Geist wurdest du getauft. Der Herr vollende an dir, was er in der Taufe begonnen hat." Hierzu heißt es in der „Pastoralen Einführung" in Nr. 31: „Das Besprengen mit Weihwasser weist darauf hin, dass der Christ bereits durch die Taufe für das ewige Leben bestimmt wurde." So gilt für die Feier des Begräbnisses dasselbe, was wir eben schon bei der Betrachtung der Sterbesakramente gesehen haben: Gerade angesichts der existenziellen Erfahrung des Todes bieten die Riten des Begräbnisses zugleich eine besonders intensive Form der Feier des Zuspruchs Gottes und zugleich eine Form des Taufgedächtnisses für die Hinterbliebenen. Diese Aspekte des Taufgedächtnisses können allerdings durchaus noch verstärkt werden. Zunächst auf der verbalen Ebene: Es fällt auf, dass nur sehr wenige der vorgesehenen Orationen zur Auswahl wenigstens indirekt einen inhaltlichen Bezug auf die Taufe nehmen. Eine direkte Bezugnahme auf die Taufmotivik findet sich in der Abschluss-Oration des Wortgottesdienstes:

Die kirchliche Begräbnisfeier, Abschluss-Oration

Allmächtiger Gott, im Sterben deines Sohnes hast du die Macht des Todes gebrochen und in der Taufe allen Gliedern seines Leibes Anteil an der Auferstehung gegeben. Wir bitten für unseren Bruder N.: Sei ihm ein gnädiger Richter und lass ihn erfahren, was kein Auge gesehen, kein Ohr gehört und keines Menschen Herz jemals empfunden hat, du aber jenen bereitet hast, die dich lieben. Durch Christus, unsern Herrn. Amen.

An dieser Stelle wären sicher weitere Gebetstexte zur Auswahl wünschenswert. Dabei ist bei der Feier des Begräbnisses durchaus auch Raum für Trauer und Schmerz der Hinterbliebenen, die einen geliebten Menschen verloren haben. Gerade für den Vorsteher der Liturgie wird es eine anspruchsvolle Aufgabe sein, hier die Balance zu finden zwischen der Trauer und Klage auf der einen Seite und der österlichen Hoffnung auf der anderen (vgl. Pastorale Einführung, Nr. 8). Klage und Trauer finden ihren Ort aber nicht erst bei der Begräbnisfeier, sondern auch schon in der Liturgie der Totenwache, die in den Tagen vor der Grablegung entweder im Trauerhaus oder in der Kirche gehalten wird. So finden sich im Rituale „Die kirchliche Begräbnisfeier" eine ganze Reihe von Psalmen und Cantica zur Auswahl, die bei dieser Gelegenheit gesungen und gebetet werden können (S. 183–191).

Die Eucharistiefeier des Requiem, benannt nach dem ersten Wort des Eröffnungsgesanges „Requiem aeternam" („Ewige Ruhe schenke ihnen, o Herr"), hat freilich eine deutlich österliche Prägung:

Die kirchliche Begräbnisfeier, Pastorale Einführung, Nr. 9

Besondere Bedeutung kommt der Eucharistiefeier zu. In ihr gedenkt die Gemeinde des Todes und der Auferstehung des Herrn, in ihr sagt sie Dank für die Erlösung, feiert das Opfer Christi und legt Fürbitte für den Verstorbenen ein. Am Tisch des Herrn wird sie aufs tiefste auch mit dem Verstorbenen verbunden.

Gerade aber weil dem Ritus eine solche reich entfaltete Ostertheologie vorangestellt ist, ist nicht recht nachzuvollziehen, warum man es nicht gewagt hat, dem Halleluja, als dem Gesang der Christenheit, der der Osterhoffnung am pointiertesten Ausdruck verleiht, über den Wortgottesdienst hinaus einen wichtigeren Stellenwert einzuräumen. Aber auch auf der nonverbalen Ebene wäre zu überlegen, wie der österliche Aspekt der Feier unterstrichen werden kann. In den USA findet sich etwa im neuen, nachkonziliaren „Funeral Rite" von 1990 als ein Zeichen der Verbundenheit durch die Taufe, die auch über den Tod hinaus gegeben ist, der Ritus, über den Sarg des Verstorbenen beim Requiem einen weißen Schal zu legen. Dieses weiße Velum erinnert an das weiße Kleid der Taufe. Und die Besprengung mit dem Weihwasser und die Inzens mit Weihrauch verstärken diesen österlichen Aspekt des Taufgedächtnisses.

4.5 Das ganze Leben eines Christenmenschen unter dem Segen Gottes

Wir haben versucht im vorliegenden Band des Grundkurses zu verdeutlichen, dass es keinen Bereich menschlichen Lebens gibt, der nicht unter dem Segen Gottes steht. Der getaufte Christ weiß sich durch die Taufe mit hineingenommen in das Paschamysterium Jesu Christi: in sein Leiden und Sterben, um mit ihm zur Herrlichkeit der Auferstehung zu gelangen. Dieses Leben in der Nachfolge Christi kennt Momente der Trauer und der Freude, der Gesundheit und der Krankheit, Höhepunkte und Tiefpunkte des Lebens. In all dem weiß sich der Christ aber nicht allein: Er weiß sein Leben gehalten von Gott. Dieses Leben unter dem bleibenden Zuspruch Gottes, den wir Segen nennen, zeigt sich auch in der Vielfalt liturgischer Formen, in denen dieser Segen gefeiert wird. Der evangelische Theologe Dietrich Bonhoeffer (1906–1945) hat dieses Wissen um den Zuspruch Gottes im Alltag unseres Lebens in die folgenden Worte gefasst, die diesen Band beschließen mögen:

> „Von guten Mächten wunderbar geborgen,
> erwarten wir getrost, was kommen mag,
> Gott ist mit uns am Abend und am Morgen
> und ganz gewiss an jedem neuen Tag."

Literaturhinweise

Liturgische Quellen

Benediktinisches Antiphonale. 3 Bände (Vigil – Laudes, Mittagshore, Vesper – Komplet). Herausgegeben von der Abtei Münsterschwarzach. Bearbeitet von Erbacher, Rhabanus. Münsterschwarzach 1996.

Benediktionale. Studienausgabe für die katholischen Bistümer des deutschen Sprachgebietes. Erarbeitet von der Internationalen Arbeitsgemeinschaft der Liturgischen Kommissionen im deutschen Sprachgebiet. Herausgegeben von den Liturgischen Instituten Salzburg, Trier, Zürich. Freiburg 1978.

Die Feier der Krankensakramente. Die Krankensalbung und die Ordnung der Krankenpastoral in den katholischen Bistümern des deutschen Sprachgebietes. Herausgegeben im Auftrag der Bischofskonferenzen Deutschlands, Österreichs und der Schweiz sowie der (Erz-)Bischöfe von Bozen-Brixen, Lüttich, Luxemburg und Straßburg. Freiburg ²1994.

Die Feier der Trauung in den katholischen Bistümern des deutschen Sprachgebiets. Herausgegeben im Auftrag der Bischofskonferenzen Deutschlands, Österreichs und der Schweiz sowie der (Erz-)Bischöfe von Bozen-Brixen, Lüttich, Luxemburg und Straßburg. Freiburg ²1992.

Die kirchliche Begräbnisfeier in den katholischen Bistümern des deutschen Sprachgebiets. Herausgegeben im Auftrag der Bischofskonferenzen Deutschlands, Österreichs und der Schweiz und der Bischöfe von Bozen-Brixen und von Luxemburg. Freiburg 1973.

Die Wort-Gottes-Feier. Werkbuch für die Sonn- und Festtage. Hrsg. von den Liturgischen Instituten Deutschlands und Österreichs im Auftrag der Deutschen Bischofskonferenz, der Österreichischen Bischofskonferenz und des Erzbischofs von Luxemburg. Trier 2004.

Gotteslob. Katholisches Gebet- und Gesangbuch. (Stammausgabe). Stuttgart 1975.

Katholisches Gesangbuch. Gesang und Gebetbuch der deutschsprachigen Schweiz. Zug 1998.

Messbuch. Für die Bistümer des deutschen Sprachgebietes. Authentische Ausgabe für den liturgischen Gebrauch. Herausgegeben im Auftrag der Bischofskonferenzen Deutschlands, Österreichs und der Schweiz sowie der Bischöfe von Luxemburg, Bozen-Brixen und Lüttich. Freiburg u. a. 1975. [vgl. auch: ²1988].

Ringseisen, Paul. (Hg.) Morgenlob – Abendlob. Mit der Gemeinde feiern. Band 1: Fastenzeit – Osterzeit; Band 2: Advent – Weihnachten; Band 3: Feste und Anlässe im Kirchenjahr. München 2000–2005.

Stundenbuch. Die Feier des Stundengebetes. Herausgegeben im Auftrag der Deutschen und der Berliner Bischofskonferenz, der Österreichischen Bischofskonferenz, der Schweizer Bischofskonferenz sowie der Bischöfe von Luxemburg, Bozen-Brixen, Lüttich, Metz und Straßburg. Für die katholischen Bistümer des deutschen Sprachgebietes. Authentische Ausgabe für den liturgischen Gebrauch. Erster Band. Advent und Weihnachten. Freiburg 1978. [Darin: Allgemeine Einführung in das Stundengebet, 24*–107*.]

Wort-Gottes-Feier. Werkbuch für die Sonn- und Festtage. Hg. von den Liturgischen Instituten Deutschlands und Österreichs im Auftrag der Deutschen Bischofskonferenz, der Österreichischen Bischofskonferenz und des Erzbischofs von Luxemburg. Trier 2004.

Zu Kapitel 1

Berger, Rupert. Art. Segen/Segnung. IV. Liturgisch. In: Kasper, Walter. u. a. (Hg.). Lexikon für Theologie und Kirche. Bd. 9. Freiburg ³2000, 397–399.

Frettlöh, Magdalena L. Theologie des Segens. Biblische und dogmatische Wahrnehmung. Gütersloh ⁵2005.

Meßner, Reinhard. Art. Sakramentalien. In: Theologische Real-Enzyklopädie 29, 648–663.

Verweyen, Hansjürgen, Warum Sakramente?, Regensburg 2001, bes. 11 ff.

Zu Kapitel 2

Taft, Robert. Zur Theologie der Tagzeitenliturgie. In: Heiliger Dienst 56 (2002) 71–82.

Meßner, Reinhard. Einführung in die Liturgiewissenschaft. Paderborn 2001, hier: 223–295.

Münsterschwarzacher Psalter. Die Psalmen. Münsterschwarzach 2003.

Pastoralliturgische Hilfen des Deutschen Liturgischen Instituts: Tagzeitenliturgie der Zukunft: Allgemeine Einführung in das Stundengebet • Anregungen zur Feier der Tagzeitenliturgie in der Gemeinde • AES als Quellentext – mit einem Register • Außerdem Melodiezuweisungen zum Singen der Hymnen aus dem Stundenbuch nach bekannten Melodien aus „Gotteslob" bzw. Kath. Gesangbuch der Schweiz. 120 S. [zu beziehen über: www.liturgie.de]

Zu Kapitel 3

Demel, Sabine. Die sakramentale Ehe als Gottesbund und Vollzugsgestalt kirchlicher Existenz. Ein Beitrag zur Diskussion über die Trennbarkeit von Ehevertrag und Ehesakrament. In: Geringer, Karl-Theodor/Schmitz, Heribert (Hgg.), Communio in Ecclesiae Mysterio. FS Winfried Aymans. St. Ottilien 2001, 61–81.

Jilek, August. Das Große Segensgebet über Braut und Bräutigam als Konstitutivum der Trauungsliturgie. Ein Plädoyer für die Rezeption der Liturgiereform in Theologie und Verkündigung. In: Richter (Hg.). Eheschließung – mehr als ein rechtlich Ding?, 18–41.

Kallis, Anastasios. „Kröne sie mit Herrlichkeit und Ehre". Zur Ekklesiologie der orthodoxen Trauung. In: Richter (Hg.). Eheschließung – mehr als ein rechtlich Ding?, 133–140.

Kleinheyer, Bruno. Sakramentliche Feiern II. Riten um Ehe und Familie. (Gottesdienst der Kirche/Handbuch der Liturgiewissenschaft 8). Regensburg 1984, 67–156.

Link-Wieczorek, Ulrike/Miggelbrink, Ralf. Sakrament oder Segen? Zur ökumenischen Verständigung über die Ehe. In: Sattler, Dorothea/Wenz, Gunther (Hg.). Sakramente ökumenisch feiern. Vorüberlegungen für die Erfüllung einer Hoffnung. FS Theodor Schneider. Mainz 2005, 376–431.

Richter, Klemens (Hg.). Eheschließung – mehr als ein rechtlich Ding? (QD Bd. 120). Freiburg im Breisgau u. a. 1989.

Verweyen, Hansjürgen. Warum Sakramente? Regensburg 2001, besonders 74–84.

Zu Kapitel 4

Kaczynski, Reiner. Sakramentliche Feiern I/2. Feier der Krankensalbung. (Gottesdienst der Kirche/Handbuch der Liturgiewissenschaft 7,2). Regensburg 1992, 241–375.

Kaczynski, Reiner. Sakramentliche Feiern II. Die Sterbe- und Begräbnisliturgie. (Gottesdienst der Kirche/Handbuch der Liturgiewissenschaft 8). Regensburg 1984, 191–232.

Greshake, Gisbert. Art. Krankensalbung. II. Historisch-theologisch. III. Systematisch-theologisch. In: Kasper, Walter. u. a. (Hg.). Lexikon für Theologie und Kirche. Bd. 6. Freiburg ³1997, 419–423.

Haunerland, Winfried. Krankenpastoral und sakramentaler Heilsdienst. Ein Diskussionsbeitrag. In: Heiliger Dienst 51 (1997), 216–225.

Heinz, Andreas. Art. Krankensakramente. I. Liturgisch. In: Kasper, Walter. u. a. (Hg.). Lexikon für Theologie und Kirche. Bd. 6. Freiburg ³1997, 417

Heinz, Andreas. Art. Krankensalbung. VI. Praktisch-theologisch. In: Kasper, Walter. u. a. (Hg.). Lexikon für Theologie und Kirche. Bd. 6. Freiburg ³1997, 424–425.

Probst, Manfred/Richter, Klemens. (Hg.). Heilssorge für die Kranken und Hilfen zur Erneuerung eines missverstandenen Sakraments. Freiburg ²1980

Für Kapitel 1 zeichnen verantwortlich: Martin Stuflesser und Stephan Winter
Für Kapitel 2 + 4 zeichnet verantwortlich: Martin Stuflesser
Für Kapitel 3 zeichnet verantwortlich: Stephan Winter

„Für alle, die gern über Wesentliches der Liturgie nachdenken." *(Bücherbord)*

Der
Grundkurs Liturgie

- *richtet sich an alle, die sich beruflich oder ehrenamtlich mit Liturgie beschäftigen*
- *ist klar strukturiert und didaktisch aufbereitet*
- *ist verständlich geschrieben und leserfreundlich gestaltet*

Martin Stuflesser/Stephan Winter: Grundkurs Liturgie

Band 1: **Wo zwei oder drei versammelt sind.** Was ist Liturgie?
118 Seiten • kart. • ISBN 3-7917-1895-9
Band 2: **Wiedergeboren aus Wasser und Geist.**
Die Feiern des Christwerdens
118 Seiten • kart. • ISBN 3-7917-1896-7
Band 3: **Geladen zum Tisch des Herrn.** Die Feier der Eucharistie
176 Seiten • kart. • ISBN 3-7917-1897-5
Band 4: **Erneuere uns nach dem Bild deines Sohnes.**
Die Feiern des Taufgedächtnisses, der Umkehr und der Versöhnung
144 Seiten • kart. • ISBN 3-7917-1898-3
Band 5: **Gefährten und Helfer.**
Liturgische Dienste zwischen Ordination und Beauftragung
144 Seiten • kart. • ISBN 3-7917-1899-1
Band 6: **Gieße deine Gnade aus.** Segen – Feiern des bleibenden Zuspruchs Gottes
112 Seiten • kart. • ISBN 3-7917-1900-9

www.pustet.de   **Verlag Friedrich Pustet**

Ein kleines Einmaleins der Liturgie

Martin Lätzel
Gott begegnen
Liturgie verstehen und feiern

152 Seiten • Kartoniert
ISBN 3-7917-1975-0

Dieses Buch bietet für alle, die die Liturgie mitfeiern und mitgestalten möchten, eine kleine Einführung in liturgische Traditionen, Begriffe und Abläufe. Ziel ist es, ein Verständnis der Liturgie zu fördern, Zusammenhänge aufzuzeigen und anzuregen, sich intensiver mit Fragen des Gottesdienstes auseinanderzusetzen. Es soll „Lust auf mehr" gemacht werden – auf mehr Beschäftigung mit liturgischen Traditionen und Gestaltungsmöglichkeiten.

Gott begegnen ...   im Mahl von Brot und Wein ... in seinem Wort ... im Tageslauf ... im Jahreskreis ... im Leben ... in seinem Haus ... in seiner Gemeinde

„*Eine kurze Liturgik, umfassend, konzentriert auf das Wesentliche und abgefasst in einer auch Laien gut zugänglichen Sprache ... Alles wird kurz und präzise theologisch, historisch und in der praktischen Gestalt beschrieben.*"   (Gottesdienst)

www.pustet.de   **Verlag Friedrich Pustet**

Grundriss Theologischer Anthropologie

Erwin Dirscherl
Grundriss Theologischer Anthropologie
Die Entschiedenheit des Menschen angesichts des Anderen

288 Seiten • Hardcover
ISBN 3-7917-1977-7

Aktueller denn je ist diese Einführung in die Theologische Anthropologie. Im Zentrum steht die Wahrnehmung jener Beziehungen im Leben des Menschen, in denen sich seine grundlegende Bezogenheit zeigt. Zeugt diese Bezogenheit, die nicht vom Menschen konstituiert werden kann, von einem transzendenten Ursprung, der uns Zeit und Raum zuspricht und ein Leben eröffnet, in dem wir angesichts des „Anderen" zur entschiedenen Verantwortung erwählt sind? Hat menschliche Identität etwas mit dem Phänomen der Zeit zu tun, die zwischen uns und Gott geschieht und in der wir es unmittelbar mit dem inkarnierten Wort Gottes und dem Nächsten zu tun bekommen? Auf dem Hintergrund aktueller Herausforderungen und mit Blick auf andere Entwürfe Theologischer Anthropologie erfolgt die systematische Entfaltung:

- Der unterschiedene Mensch als Geschöpf
- Der entschiedene Mensch als Ebenbild Gottes
- Der entzogene Mensch als Sünder

www.pustet.de   **Verlag Friedrich Pustet**